「憲法改正」に最低８年かける国

スウェーデン社会入門

須永昌博

「憲法改正」に最低8年かける国

スウェーデン社会入門

目次

はじめに

　私どもの一般社団法人スウェーデン社会研究所と公益財団法人ハイライフ研究所とでは、２０１３年から、ここ2年にわたって、「**スウェーデン百科事典——スウェーデンから学ぶ日本の再構築**」というテーマで、ビデオ*をつくっています。スウェーデンのことをいろいろな側面からご紹介するというのが目的で、そこでは社会、生活、産業、文化、教育、福祉、すべてのテーマをご紹介してきました。

---

* http://www.hilife.or.jp/sweden2/

今回は、その総括として、今まで収録してきて、また皆さんにご覧いただいているホームページの内容の要点をここにご紹介したいと思います。下記の各論の編成では、「はじめに」に該当する箇所ですが、実際のビデオではオリエンテーション「スウェーデン社会入門」と題してまとめられています

全体のまとめですので、できるかぎり短く、ポイントだけをご紹介するのが本書の目的です。ですので、本書よりさらに詳しいことをお知りになりたいときは、スウェーデンに関する情報検索を参照していただき、これまで収録してすでにオンエアになっている各論のビデオを見ていただければと思います。

なお、ビデオの各論の編成は以下の通りです。

（　）内の数字は当該テーマと関連するトピックスの動画数を表します。例えば、「人権と平等」では、「差別撤廃の努力」の他に「スウェーデンの労働組合」など8つの動画が同じカテゴリーにグループ化されています。

CONTENTS

●はじめに（3）

●人権と平等（8）

1-労働組合（1）

2-子供の権利（3）

3-障害者ケア（2）

4-研究開発（1）

5-義務教育（1）

6-職業教育（1）

●環境政策・持続可能な開発（8）

1-リサイクル・廃棄物（1）

●危機管理（6）
1-国防（2）
●司法制度（3）
●国家財政（3）
1-税制（2）
●外交（2）
1-国際支援（1）
●少子化対策（2）
1-子育て支援（2）
●政治のしくみ（8）
1-国会（5）
2-政党（1）
3-若者の政治参加（1）
●教育（6）
1-大学・大学院（1）
2-就学前教育（1）
3-成人教育（1）

2-放射性廃棄物（2）
3-環境法典（3）
4-環境裁判所（2）
●社会保障制度（7）
1-介護制度（1）
2-労働災害保険（1）
3-医療制度（3）
4-年金（1）
5-病気保険（2）
6-社会保険（1）
7-高齢者支援（1）
●移民・難民の受け入れ（2）
●義務教育（1）
●行政のしくみ（5）
1-国民総背番号（2）
2-地方自治（2）
●障害者の就労・雇用（1）

スウェーデン百科事典
http://www.hilife.or.jp/sweden2/

今回、「**スウェーデン社会入門**」と題してまとめとしてお話しするのは、以下の10項目に分けています。この10項目というのは、**ある意味ではスウェーデン全体をとらえるための「キーワード」**としてお考えいただいていいと思います。

第1講　自然・人権・平等
第2講　選挙・国会・専門委員会・追跡
第3講　マイナンバー・税務署
第4講　地方自治
第5講　社会福祉・自立と人権
第6講　環境法典・裁判所・製造者責任
第7講　エネルギー・原子力・廃棄物
第8講　教育・大学・研究開発・イノベーション・ICT
第9講　産業・近隣諸国
第10講　外交・国連・世界平和

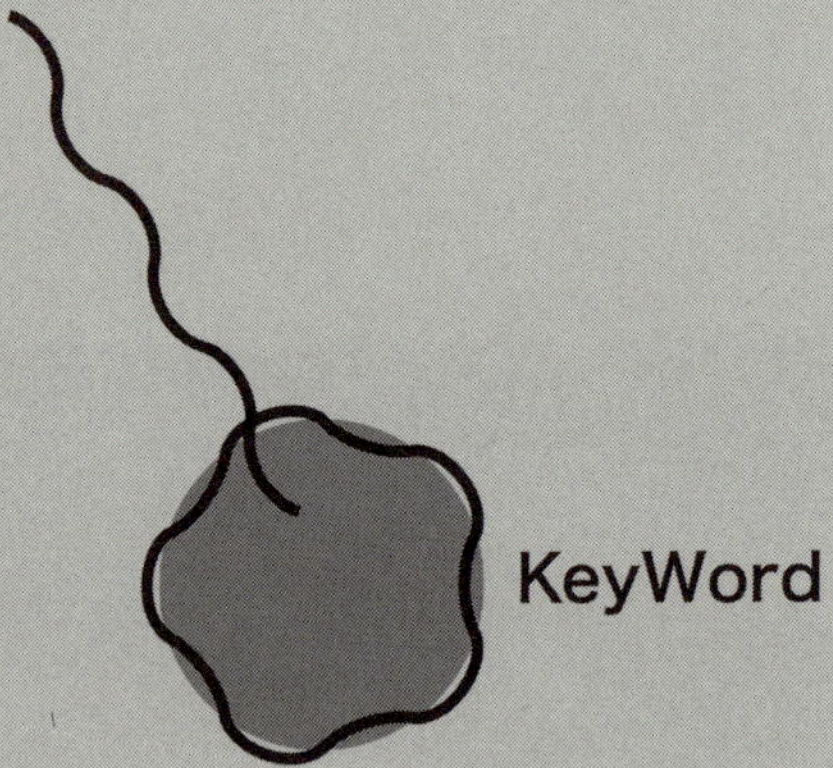

第1講

自然・人権・平等

まず、スウェーデン社会をどういう表現でしたらいいのか。私なりにつかまえたのは、この「自然」と「人権」と「平等」という言葉です。

スウェーデン人が、なぜそういうことを考えるのか、スウェーデンという国は、私たちが考える、いわゆる「福祉国家」ですが、どうして、そういう福祉国家をつくり上げたのか。スウェーデンは税金が高いと言いますが、なぜそうなのか。そのへんを理解していただくために、まずはスウェーデン社会のしくみ（表1）のキーワードを、いろいろな側面からお話しします。

表１　スウェーデン社会のしくみ

①スウェーデン人と母なる自然
②スウェーデンの地理・風土
③平等・人権意識
④憲法と法体系
⑤市民参加の政治
⑥地方自治体の独立
⑦労働組合
⑧社会サービス制度
⑨教育制度、研究開発と産業
⑩国際社会とのつながり
⑪文化・芸術にみる自律と自立
⑫日本社会との比較

写真１　ノーベル賞晩餐会の開かれるストックホルム市庁舎屋上からの風景
Source:Henrik Trygg/imagebank.sweden.se

■ スウェーデン人と「母なる自然」の深い関係

まず皆さん、これだけは念頭に置いていただきたいのでが、どの国でもそうですが、その国のかたち、またはそこに生きている人たちの考え方、またその性格――それは、その地理、自然からは分けて考えることはできません。

そういう面から見ると、例えば「福祉先進国」と言われます。また、「男女平等が一番進んでいる国」とも言われます。しかし、これは何もスウェーデンに限ったことではありません。お隣りのノルウェー、反対側のフィンランド、また対面のデンマーク。こういう国を合わせて「北欧諸国」と言っていますが、これらの国々はほとんど同じようなシステム、同じような豊かさを持った国々です。

共通することは、「寒い」ということです。しかしこの寒さということに、北欧諸国を理解するために、私たちはあまり重点を置いていません。寒いということはどういうことかと言えば、それに対して、寒い地域の中で生き延びるためには、いろいろな手法や工夫が必要です。人と人との協力も必要です。そういう自然にあるということ、**スウェーデンは、私たちの想像以上に寒い国である**ということを、まず念頭に置いておいてください。

ここがPOINT!～1

●スウェーデン人と母なる自然――地理と風土●

①寒い国スウェーデン

スウェーデンと日本とが決定的に異なる点は、その地理的緯度である。スウェーデンの首都ストックホルムは、アジアで言えば日本のはるか北の上、カムチャッカ半島の付け根に位置する。12月から2月にかけては、マイナス20度を超える日もめずらしくない。

②生き延びる知恵

そのため、スウェーデンはともかく寒い国である。極寒のなかで生き延びる知恵が、現在のスウェーデンのみならず、北欧諸国の原点になっていることをまず認識したい。

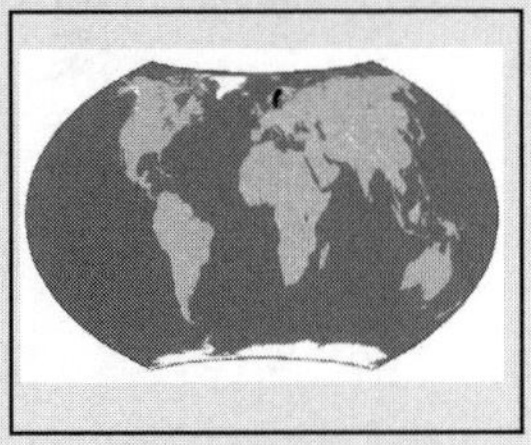

図1　北極に近いスウェーデン
（日本は地中海と同じ緯度）
Source:imagebank.sweden.se

そういった寒い地域にありながら、夏になると花がいっせいに咲き乱れます。そういう意味では、非常に豊かな自然を持っている国々です。そういう自然が、（この北欧諸国、今はスウェーデンに限っていただいてもいいのですが）、自然にある「母なる自然」（Mother Nature）ということが、現在のスウェーデンをつくり上げてきたと思います。また母なる自然のなかで育まれた人々は、そういう信念を持って生きています。

母なる自然とはどういうことか。これはスウェーデンの歴史を見ると、例えば、スウェーデン人には「**自然享受権**」という権利があります。「すべての人が持つ権利」（All man's right）で、慣習法です。**自然というのは、人類の共通財産である。個人が所有しているものでも、共通の財産として使われる部分がある、**というものです。

例えば、他人《ひと》の庭にキノコが植わっているとします。それをスウェーデンの人たちは――スウェーデンの人に限らず外国の人でもいいのですが――そのキノコは採ってもよいのです。極端な話、他人の家の庭にテントを張ることも許されます。長い滞在ではなく、1泊であれば、そこでドンチャン騒ぎでもしない限り誰でも他人の庭にテントを張ってもよいのです。自然は万民のもの、これが自然享受権です。

この自然享受権は、明文化されていません。慣習法ですが、スウェーデン人が自然に対してどれほど深い関わりを持っているか、という1つの象徴になるのではないかと思います。

ここがPOINT!～2

●スウェーデン人と母なる自然──人と自然のコンタクト●

・スウェーデン人の原点は「母なる自然にある」：その立証

①自然享受権：自然は皆のものであるとするスウェーデン古来の慣習法で、他人の庭を通り抜けたり、キノコを採ったり、キャンプしたりすることが認められる。

②スウェーデン人に「あなたにとって一番大切なものは」という質問をすると、ほとんどが「やっぱり、自然かな」との答えが返ってくる。（ケアリング vol.2 と私の経験）

③金持ちでなくても、ほとんどのスウェーデン人がヨットを持っている。これはスノビズム（俗物根性）ではなく、ヨットで沖に出て波と風のみの静寂な世界と一体となりたいという欲求からくるものである。

④自然と対話するために、１人で自然のなかに入ることを好む。人のいるところには行かない。

⑤事業に行き詰まると、森や湖に入って思索をしている。

⑥家を壊されるより、庭の木を傷つけられることにスウェーデン人はより怒る。

⑦就学前教育で、雨の日も雪の日でも、毎日必ず一度は子どもたちに外を歩かせる。

写真２　自然はスウェーデン人の原点　１人でカヤック

Source:Henrik Trygg/imagebank.sweden.se

平等意識は、1歳から6歳までの「就学前教育」のなかで育まれる

スウェーデンの人に、「あなたにとって一番大切なものは何ですか」と訊くと、皆さん、一瞬戸惑いますが、同じような言葉が返ってきます。それは「自然〈Nature〉です」、「母なる自然〈Mother Nature〉です」と。

ですので、スウェーデン人の国民性として言えることは、彼らは母なる自然と対話することを、ある意味では生きることの根源に置いているように見えます。自然と対話するためには、他人がいると邪魔になります。1人で自然の中に入っていきます。1人で湖でカヌーを漕いだりします。1人で山に登っていきます。

それからスウェーデン人は、日常の生活において何か物事に行き詰まると、必ず森や湖に行きます。そういう彼らの何気ない行為を見ていると、スウェーデン人にとって、いつも何かなしに――人間を考えるときや自分を考えるときには、自然の中に身を置いて、自分を自然の中に映しているんだな、と思います。ことばを換えれば、自然から返ってくる暗黙の答えというか、そういうものをスウェーデン人は、自分の中で咀嚼《そしゃく》して、生きる糧にしているんだな、と思わざるを得ません。

そういうことが、スウェーデンではいろいろな面で見られますが、一番面白いのは、スウェー

デンの「**就学前教育**」です。就学前教育というのは、生まれて1歳から小学校に上がる6歳まで、この期間を学校に上がる前の教育期間として位置付け、日本の保育園のようなかたちですが、就学前の幼児たちは何らかの施設に入ります。

そこで必ず行われることは、毎日、雪が降ろうが、嵐であろうが、晴天の日であろうが、どんな日でも毎日、外を歩くということです。スウェーデンでは、保育園の先生たちが、幼児たちをゾロゾロ、ゾロゾロ、町の中、森の中を連れて歩いている姿をよく見掛けます。もちろん雨がザーザー降りでも歩いています。

そういう、幼児の段階から自然に触れ合うこと、触れさせることを大事にします。これがスウェーデン社会の根源ではないか。彼らは、自然がなければ生きていけません。東京に来ても、1週間くらい経つと、すぐ山に行きたがります。スウェーデン人と自然とのコミットメント、コミュニケーションというのは、彼らの性格をかたちづくっている原則だと思います。その信念は揺るぎません。

そういう中で、スウェーデン社会を見るとき、**スウェーデン人の性格はどういう性格なのかと言うと、論理的・合理的だと言われます**。論理的・合理的になるのは自然から教わること、自然と対話をすることによって培われる結果だと思います。

ここがPOINT!～3

●スウェーデン人と母なる自然──論理性・合理性●

・スウェーデン人の性格

①ものの考え方が論理的・合理的である。なるほどと思わされることが多い。単刀直入で修辞的なものの言い方をしないし、難しい単語は使わない。

②物事の本質を単純化して抽出する。例えば、「あらゆる人類の行動は環境破壊行為である」と言うように環境問題を定義して法制化する。

③人間は本来怠惰である。放っておけば何もしない。だから、規範が必要で、法をつくって律するのが社会であると考える。

④人間の本質を見極めると、法の下では万人みんな平等であると考えるようになり、差別することを嫌う性格が生まれる。

・その性格の由来

①生まれたときから母なる自然と接することにより、無意識のうちに自然を鏡として成長する。

②その鏡に映る自分を客観視し、対象物と被対象物の距離を常に認識する。ここから、物事に対する論理的、合理的な思考方法が涵養される。

③人間を客観視することにより、人間を差別するのはおかしい。人間は等しく人権を有し、尊重されなければならないという民主主義の基本が生まれる。

写真３　幼児のときからキノコ採り　どこで採ってもかまわない

Source:Kristiina Kontoniemi/Folio/imagebank.sweden.se

■単純・明快・合理的、考えてみればその通りの「環境法典」

ですので、自然を客観視し、それを抽象化して、それを社会に活かすときに、スウェーデン人のそういう精神が、必ずいろいろな場面に活きてきます。極端に言うと、例えば法律です。国というのは法律がなくては運営ができません。その法律をつくるとき、または成文化された法律を見るときに、彼らの法律は非常に単純明快です。

1つの例で言うと、人間の行動は、人間が1つ動けば、それはもう〈環境破壊行為〉であるとして、「**環境法典**」という法律体系をつくっています。確かに、私たちが動くこと自体、存在すること自体が環境破壊を高じることにつながります。

考えてみれば、その通りです。**考えてみればその通りということをそのまま法律にし、明文化し、それを実施し、それを行政で反映するところに、スウェーデンの社会の単純さと明快さと合理性がある**と、私は見ています。

その中で、スウェーデン社会の特色をひと言で言い表すと、「差別のない社会」というより、「差別があるけれど、差別をなくそう、なくそうと努力をしている国、または国民」。これがスウェーデン人だと言う方もいますし、私のスウェーデン人観もそれに近く、「ともかく差別をなくそうとする、この一点に集中されるな」と感じています。そこから福祉制度が生まれ、いろいろな国

ここがPOINT!〜4

●スウェーデン人と母なる自然――自律と自立●

・スウェーデン人の自律と自立の成り立ち

①スウェーデン人にとって「母なる自然」は自分を映す鏡である。

②鏡に映すのは、いつも自分１人である。

③自分１人という意識が自立である。

④と同時に、自然は生存をかけた闘いの相手でもある。闘いには人との協力が不可欠である。

⑤人との協力にはルールが必要で、それを集約したものが社会の規範であり、それに従うことが自律である。（バイキング時代に発生）

・スウェーデン人の個の確立

①自立の意識により、人間はそれぞれが自立した存在であることを認識する。

②他人の存在を認識することにより、人類共通の人権意識が生まれる。

③人権意識が平等意識につながる。

④ルール（自律）には従うが、その範疇で個の独立を尊重する（自立）。

⑤そのことを就学前教育で教わる。

写真４　就学前教育で個の自立を教わる

Source:Emelie Asplund/imagebank.sweden.se

際活動が生まれるということが、派生的に言えるかと思います。

そういう中で、自然を鏡として、彼らはいろいろな物事に対処し、自分の行動規範にしているということ。「まず自然ありき」ということが、スウェーデン人をひと言で言うときの私の表現になります。

スウェーデン人の平等意識、人権感覚は母なる自然によって培われた

そういう国ですので、スウェーデンはいろいろな後進国、貧困国に対しての援助をものすごく行っています。スウェーデンは確かに、一人当たりのGNP（国民総生産）からすると、日本よりも豊かな国です。それから、国際援助に対しても、今、スウェーデンのODA（政府開発援助）は世界一です。

そういう行為をなぜするかと言うと、**「世界どこの国にいようが、どんな人種であろうが、みんな人間は平等だよ」という平等意識。「生まれた瞬間から、それが0歳児であれ、何歳児であれ、人間としての人権がある」という人権感覚。これは一般的なスウェーデン人の考え方です。**

成人したから人権が生まれる、成人前は人権がないという、そういうねじれた考えはしません。人間は生まれたときから人権が備わっている。だから人間なんだ、と言うのです。

そういう感覚、先ほど述べた平等意識、人権感覚というのは、母なる自然とスウェーデン人を

取り巻く環境から培われてきているものだというのが、私のスウェーデン社会の「使徒」としての言葉です。これまでの私のいろいろな経験も、そういうことで裏付けられています。

母なる自然によって培われたスウェーデンの社会。ですから、ここで皆さんに伝えておきたいことは、「民主国家になったから、人権および平等意識が生まれた」ということではありません。まったく逆です。「**そういう自然から生まれた人権意識、平等意識があるからこそ、そこで民主国家が生まれた。民主主義体制ができた**」と考えるほうが、私は自然だと思います。

ここがPOINT!～5

●スウェーデン社会の基礎●

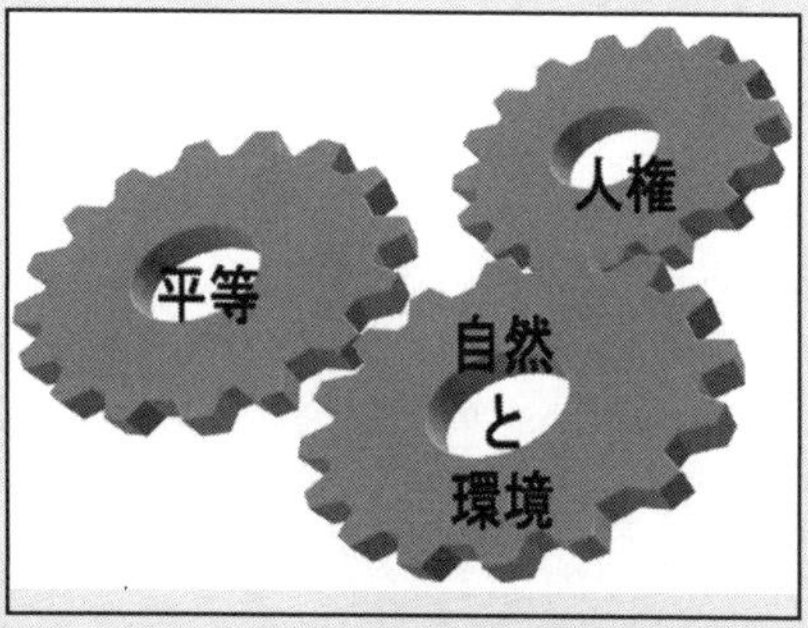

図2　自然と環境が人権と平等意識を生み出す

私とスウェーデンとの出合い

Posted by e.oct on 2010.06.18

須永昌博

とっておきのコラム

私はスウェーデン社会にコミットして今年で40年になります。スウェーデンとの出合いは全くの偶然です。

大学を卒業し（財）電力中央研究所で植物工場の研究に従事しつつも、常に外国への憧れが潜在的にありました。

ある日偶然、朝日新聞で「スウェーデン大使館科学部スタッフ募集」の求人広告を見つけました。即応募して科学参事官のニルス・ホーヌマルクさんの面接試験を受けました。私より半年若い29歳のニルスさんもスウェーデンの新聞広告を通じて外交官として赴任したばかりです。60人くらいの応募者から一人だけ選ぶのにかなり苦労したそうです。私が選ばれたのには二つ理由があったと後で聞きました。

一つは、試験課題として出した「光化学スモッグ」についての小論文がジャーナリストの文体のようでとても良かった事（当然です。この宿題をもらった時にこれは手に負えないと思い、英字新聞をかき集めその記事をつぎはぎして提出したからです）。もう一つは、研究所時代に何故か離島に憧れ、テントをかついで与論島から喜界島、ヤップ島からパラオ諸島で土人と暮らした経験を履歴書に書き添えたところ、ニルスさんの奥さん紀子・ホーヌマルクさんが、「この人の方が面白そうじゃない」との助言が決め手になったそうです。

スウェーデン大使館科学部と言っても仕事はスウェーデン企業、大学、政府に対するコンサルタントです。スウェーデン外務省から予算がでる訳ではなく、クライアントからのコンサルタント料に依存する独立採算の事務所です。例え大臣や国王からの依頼事項に対してもまず見積書をだして、それが認められなければ仕事を引き受けないという、まさにスウェーデンらしいシステムです。スウェーデン社会の基本を成すコストの概念を徹底して学びました。

70年代の初頭は、水俣病、イタイイタイ病を始め環境・公害が大きな社会問題になり、スウェーデンからの依頼事項も環境に関する調査案件が多く、スウェーデンが何を目指しているかを肌で感じる毎日です。１９７０年の大阪万博のパビリオンでスウェーデンだけが環境をスローガンに掲げていました。１９７２年は世界初の国連環境会議がストックホルムで開かれた年でした。スウェーデンが環境先進国と言われる由縁です。

第2講

選挙・国会・専門委員会・追跡

人権と平等意識、差別をしない、差別をなくそうとしているスウェーデン人の国のあり方は、選挙というかたちで見ることができます。それでは、選挙は何のために行うのか。それは国会議員を選ぶことです。そしてこの国会のあり方も、日本とは違います。そのへんをここでは簡単に述べておきましょう。

■初めに納税があって回るデモクラシーの国のかたち

母なる自然とのコミュニケーションの中で人間社会を観察すれば、人間が人間を差別することはおかしいという平等感覚と人権意識を持つようになります。平等意識、人権感覚は、まさに母なる自然とスウェーデン人を取り巻く環境によって培われているものです。

その人権意識と平等感覚を現在の社会で実現するために、私たち人類が到達した最良の方法の1つが、民主主義、デモクラシーではないかと思います。デモクラシーは、人権と人間の平等を尊重する基盤があってはじめて生まれてくると思います。

そのデモクラシーの国のかたちですが、何によって回っているかと言えば、スウェーデンという国を見ていると、表現の良し悪しは別にして、**国というのは個人の暮らしと同じで、お金がなければ何もできない**ということです。

国の運営は、突き詰めれば国民の税金によって成り立っています。税金がなければ、国の運

ここがPOINT!～6

●スウェーデン社会の成り立ち●

・自然との接触で培われた論理性・合理性にもとづき、物事の真理探究を目指す学問的な姿勢がかたちづくられる。

・その姿勢で、人間を観察すれば「人間を差別するのはおかしい」とする平等意識と人権感覚が生まれてくる。

・その人権感覚と平等意識を現在の社会で実現するための最良の方法が「民主主義」である。

・このように、スウェーデンの民主主義は人権や平等を尊重する社会基盤があって生まれたものであり、民主主義が人権、平等意識をつくったのではないことを認識しておかなければならない。

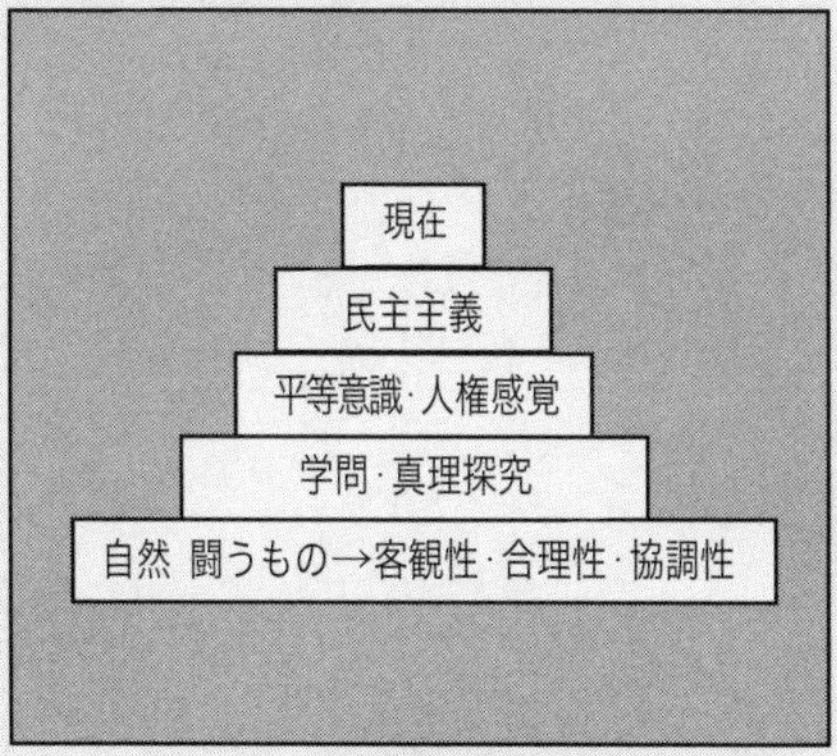

図３　スウェーデン社会の成り立ち

営は何1つできません。ですから、**国の基本は税金**と言えます。

それでは、税金を生み出すものは何かと言えば産業です。産業というのは雇用を通じて、また企業活動を通じて税金の源になります。産業を動かすものは何でしょうか。もちろん言うまでもなく人です。人材です。そして、人材を生み出すのは教育です。その教育環境をつくるのは法律です。教育だって、お金がなければできません。

そういう法律をつくるのはどこかと言えば、国会です。しかし国会というのは単なる建物であって、実際には国会議員です。国会議員は、英語では〈law maker〉「法律をつくる人」と言います。法律をつくる人を選ぶのが選挙です。そして選挙を行うのは当然、国民です。

図3のように、スウェーデンの国のかたちはこういうかたちで回っています。まず国の基本の納税があり、税金を納める人たちがいて、その人たちが選挙を行って議員を選びます。この国会**議員たちの仕事は、税金の使い途を決めること**です。これが選ばれた彼らの仕事のほとんどです。国会議員たちが、国際関係であれ、教育であれ、福祉であれ、ともかくどういうかたちでお金を使うか決めます。

税金の使い途の1つが教育です。教育に対して、こういうかたちでお金を使いましょう、と方針を決めます。ＧＤＰ（国内総生産）当たりで見ると、スウェーデンの教育投資は日本の倍です。ＧＤＰの6％以上。日本は3・15％でスウェーデンの約半分です。国の政策で教育にお金を使えるのは、そのような法律を国会で決めるからです。その教育を通じて人材が生まれます。人材が

ここがPOINT!～7

●スウェーデン、その国のかたち●

- 国の基本は税金である。
- 税金の源は産業である。
- 産業の源は人材である。
- 人材を生み出すのは教育である。
- 教育環境をつくるのは法律である。
- 法律をつくるのは国会である。
- 国会議員は選挙で選ばれる。
- 選挙を行うのは国民である。

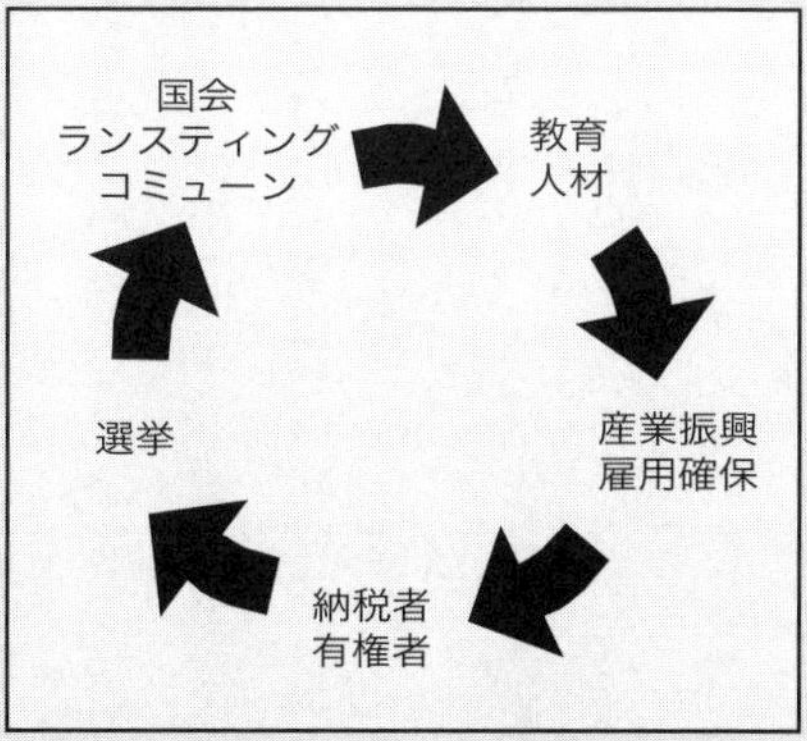

図４　スウェーデン、その国のかたち

生まれて、先ほどの産業振興が起こり、産業振興が雇用を確保します。

ですから、納税という側面から見ると、スウェーデンでは、税金が払えない、また人を雇用ができない企業はどんどんつぶします。そういう点では、企業環境が「冷たい」と言われますが、基本は税金が払えなければ存在価値がないという、言い換えれば国の基本は税金だということを国民全体が認識して、またそれを共有していると言えます。こういうサイクルでこの国のかたちがある、というのがスウェーデンという国です。

■90％の投票率で法律をつくる人を決めるスウェーデン

法律をつくる人を選ぶのは国民です。国民は有権者です。有権者がいて投票します。ですから、端的に言えば法律をつくるのは国民ということになります。

スウェーデンは議会のレベルが市議会、県議会、国会と3段階に分かれています。そこでは、4年に1回、総選挙があります。ちょうど今（２０１４）年は、9月の第3日曜日が総選挙の年に当たっています。しかもここで大事なのは、選挙にほとんどの国民が行くということです。投票率は毎回90％近くになります。

日本の地方選を見ていると、残念ながらここのところ投票率は、新聞の最後の方に申しわけ程度に開票結果とともに出ていて、史上最低を更新するというパターンが非常に多く見受けられます。日本の私たちの投票率はせいぜい30％から40％で、スウェーデンの投票率90％の半分以下です。

90％の投票率で法律をつくる人を決める彼の国と、有権者の30％しか参加しない選挙で選ばれた人たちによって法律ができて、しかも選ばれた人たちは「国民の代表だ」とみんなに思われ、また自分たちもそう自覚しているわが国とでは、**つくられる法律にも大きな違いがある**のではないでしょうか。

ここがPOINT!～8

●法律をつくるのは国民である●

・民主主義国家はどこでも法律にもとづき運営される。
・その法律をつくるのは国民である。
・スウェーデンでは 18 歳で投票権が得られ、法律をつくる議員（Law Maker）を選ぶ。
・女性の参政権は 1921 年に生まれた。
・スウェーデンでは国民のほとんどが選挙の投票を行い、投票率は 85%～ 90% である。
・スウェーデンは政党政治の典型で、有権者は自分の意見を代弁する政党に投票する。
・選ばれた国会議員が法律をつくる。
・国会議員は常に有権者の監視を受けている。
・特に議員の半分を女性が占めるので、女性の監視の目は厳しい。
・国会で成立した法律に基づき、行政当局が法律の実施を行うが、スウェーデンは完全な地方主権なので、地方自治体に行政権限が委ねられている。

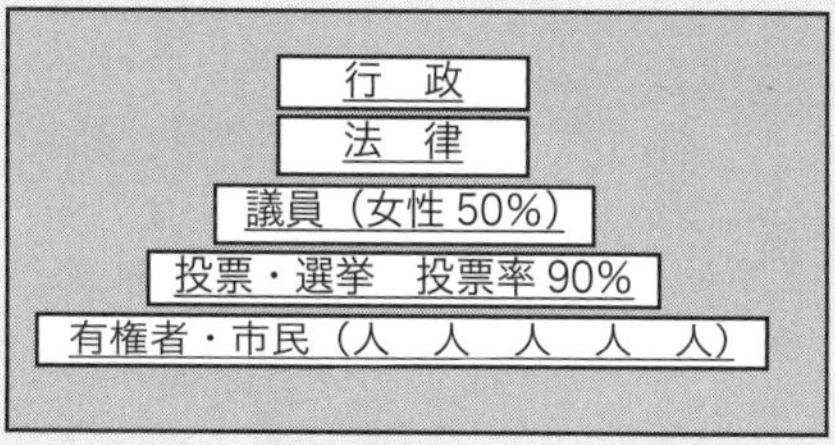

図５　国民の意見を代弁するしくみが選挙である

ここがPOINT!～9

●スウェーデンの選挙制度●

・自立とは他人と自分は違うという認識であり、意見の相違は当然と受け止める姿勢である。
・違った意見を集約して法制化し、国を運営するのが民主主義国家である。
・そのためには、国民の異なる意見を集約するメカニズム、すなわち選挙制度が機能しなければならない。

繰り返して言いますが、まず法律をつくるのは国会議員、市議会、県議会の議員であり、議員を選ぶのは国民であり、国民がどうやって議員を選ぶかと言えば、それには選挙しかありません。選挙こそは民主主義の基本です。日本のように、ともかく選挙に行かない、投票しないというのは、どんな理屈を付けようとも、民主国家にまだ至っていない証である、と思わざるを得ません。

しかもスウェーデンの国会議員選挙の場合、選ばれた国会議員のうち50%が女性です。そして大臣の半分が女性です。国防大臣も女性です。女性の議員が半分いて、この半分の女性議員が法律をつくっているということは、当然そこには女性の視点が入っているはずです。女性の社会参加という意味合いも大きいと思います。誰が法律をつくっているのか、誰がそういう規則をつくっているのか。スウェーデンでは、国会議員の半分の女性議員がそれをつくっているということを見逃してはいけない、と思います。

■「無所属の議員」が1人もいない、政党に投票する選挙制度

スウェーデンの選挙制度に関してですが、これは当然、選挙に参加することは国民の義務であり、選挙または政治への関心の度合いは、先ほど述べた「**就学前教育**」を通じて、いろいろなかたちで子どもたちは学んできます。それが、自分たちが生きている国の一番の基盤だよということを、幼児教育から始めているのです。

スウェーデンでは、幼児教育というのは、決して知識を覚えることでも、数字を覚えることでも、ABCを覚えることでもありません。「**社会で生きていく上での基本的なルール**」と言うか、「**生き方**」**を就学前教育で教えます**。

日本では選挙になったときに、私はいつも日本人として不思議に思うのですが、地方選ほど「私は無所属から立候補いたします」という言葉が氾濫します。いろいろな政党がありますが、立候補する人が自ら無所属と名乗るのはどういうことだろう、無所属とはいったい何だろう、と思ってしまいます。

と言うのは、スウェーデンの選挙制度は「**比例代表制**」**だから、政党に投票します**。政党に投票するというのは、おおむね以下のような理由によると思います。民主主義というのは、いろんな人の意見——人間というのは、人が違えば、みんな意見も違う。考え方も違う。喜び方も違う、

悲しみ方も違う。みんなが違います。基本的に共通なのは人間という平等性です。

みんなが、そういう違った意見を持っていても、それを国の運営に反映しなければいけません。反映するときに、自分の意見を代弁してくれるところ、それが政党です。立候補者は、私の所属する政党はこういう意見を持っていますということで、それに賛成か反対かでその政党を支持するかしないかを決めます。ですから、本来であれば政党に対して投票します。

ここがPOINT!～10

●スウェーデンの政党●

・国会議員は政党に属さなければならない。

・2010-2014 年の任期では、8 政党が国会に代表を送り、1 院制である。

①社会民主党（112 議席）
②穏健党（107 議席）
③緑の党（25 議席）
④自由党（24 議席）
⑤中央党（23 議席）
⑥スウェーデン民主党（20 議席）
⑦左翼党（19 議席）
⑧キリスト教民主党（19 議席）

・総議席数 349、過半数 175

・現内閣（2010-2014）の与党は穏健党、自由党、中央党、キリスト教民主党の 4 党の連立（173 議席）である。

写真５　選挙は政党に投票する　８政党のシンボルマーク

Photo:Melker Dahstrand

ここがPOINT!〜11

●スウェーデンの選挙のやり方●

①比例代表制
→各政党の獲得投票に応じて議席数が決まる。
② 2 つの選挙制度
・普通選挙
・国民投票
③投票日
→ 4 年毎の 9 月第 3 日曜日
④ EU 議会への代表議員選挙
→ EU 議員の選挙は 5 年毎の 6 月の日曜日
⑤国会解散時の国会議員選挙
→解散から 3 ヵ月以内に行う

図6　3 つの投票箱
Source:valmyndicheten

スウェーデンは今、８つの政党があります。先ほども述べたように、今（２０１４）年９月の第３日曜日に、４年に一度の総選挙があります。これは、地方選挙と国の選挙を合わせた選挙です。

そういう中で、自分がどこかの党に一票投票するという意味は、自分の意見を代表して、代弁してくれる政党に投票するということです。ですから、**政党としての無所属というのはあり得ません**。無所属というのは、政党の概念からすると、「私たちは、何もあなたたちを代弁する意見がない政党です」というのと同じことです。日本のように選挙になるたびに、みんなが無所属から立候補するというのはおかしいと思いませんか。私は不思議でしょうがありません。しかもそれが堂々とまかり通っています。

この前（2014年）の都知事選もそうでした。いろんなところで無所属というのがはびこる。このへんで、私たちは無所属について考え直すべきではないでしょうか。

スウェーデンでは地方選挙と国の選挙を合わせた選挙で投票が行われ、比例代表制ですので、大多数の票を集めたところから投票数によって議席が決まります。議席は、国会、県議会、市議会、みんな投票の獲得数によって決まります。

スウェーデンの選挙制度は、今述べたように、政党に投票し、そこで自分の意見を代弁してもらう。ですから、自分が投票した政党が必ずしも多数党にならなくて、マイナーな党になるかもしれません。しかし、マイナーな党でも、後で述べる国会の議論のあり方で、そのへんをどう調整しているか。このへんも日本の国会との違いがあるのではないかと思います。

スウェーデンでは、投票率が85％から90％になります。18歳になると——今ちょうど日本でも何歳を成人にするかという議論が起こっていますが、スウェーデンではだいぶ前から18歳以上に選挙の投票権を与えています。しかも**県議会、市議会選挙の投票権は、3年以上スウェーデンに住民登録してあれば、外国の人でもスウェーデン人としての投票権が生まれます。**

翻ってみると、日本には何十年と暮らしている中国の人、韓国の人、アジアの人がいますが、

ここがPOINT!～12

●民主主義——選挙風景●

・投票権は民主主義の柱である。
・スウェーデンの選挙投票率は85％を超える。
・国会選挙の投票権は18歳以上のスウェーデン市民が有する。
・県議会、市議会選挙の投票権は３年以上スウェーデンに住民登録してあることが条件であり、スウェーデン市民に限らない。

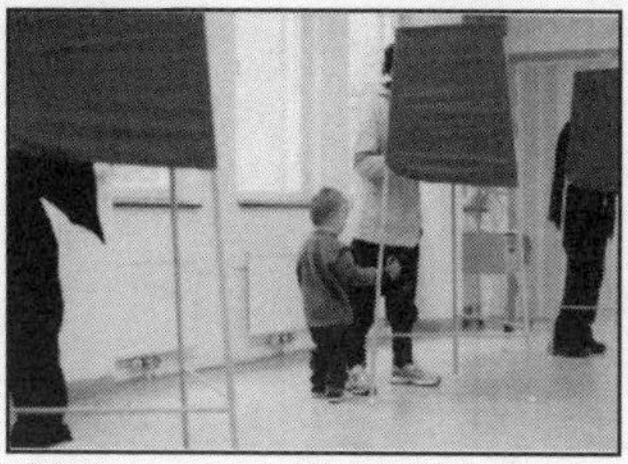

写真６　４年に１度の総選挙　県議会・市議会選挙も同時に行う
Photo:Camila Svensk

投票権というものがありません。このへんの事情を考えると、先ほどの平等ということ、人権ということから考えても、やはりスウェーデンとは違うなと思わざるを得ません。

■政治は国県市の3レベル、議会は1院制で4年に1度の同時選挙

繰り返しますが、国会は法律をつくるところです。国会議員は、法律をつくる人たちです。そして、その法律というのは、ほとんどが税金に関わることです。税金の使い途を決めるということが、国会の一番大きな使命だと思います。

そして、スウェーデンの国会を見てみると、日本のように衆議院、参議院がありません。1院制です。それからスウェーデンには、日本の県に相当するcountyという21の県があります。そしてもう1つ、municipalityという市に相当するところがあります。ですから国会、県議会、市議会という3段階に分かれています。

もう1つ、スウェーデンは１９８５年にＥＵに加盟してから、ＥＵにも議会がありますので、議員を送り出しています。これも有権者が選びます。

スウェーデンの国会は非常にはっきりしていて、毎年オープンが9月と決められています。これは学校と同じです。スウェーデンの学校は9月から始まって5月または6月に終わります。スウェーデンの国会もそうです。日本と同じように、9月の最初のオープニングのときにはスウェーデンの国王が臨席します。その点では同じですが、一番重要な課題は税金の使い途、財政を扱う議会です。

議案は「16の専門委員会」で、全ての政党の法律プロ議員がとことん議論する

そして、これがスウェーデンの国会と日本の国会との大きな違いかと思いますが、**「国会専門委員会」**というのがあります。今の安倍内閣の税制改革を見ても、国防に関することを見ても、

ここがPOINT!～13

●スウェーデン国会カレンダー●

・スウェーデン国会は毎年９月中旬に開会する（選挙の年は 10 月)。
・日本のような通常国会、臨時国会の区別はない。
・開会式には国王が臨席する。
・国会は１年中開会する。
・休会は夏休み、クリスマス、イースターの期間のみである。
・夏休み明けの秋季、クリスマス明けの春季が国会の最も多忙な時期である。
・秋季と春季は４週間毎に国会審議を休止する。
・国会の最重要議題は次年度予算である。
・予算総額と医療、教育、防衛など分野別の予算を審議する。
・毎年９月 20 日に、政府は次年度予算案を国会に提出し予算審議は 11 月末に終わる。決定した予算を国会がクリスマス前に政府に提出する。
・選挙で新政府が誕生すれば、予算案提出は 11 月 15 日になる。

写真７　国王臨席の国会開会式
Photo:Sveriges Riksdag

専門委員会が日本にもありますが、あり方が違うなと思います。というのは、スウェーデンでは何か議案があると、まずこの専門委員会で議論します。専門委員会とは、写真8にあるように、すべての政党、今スウェーデンには８つの政党がありますが、８つの政党の議員が、ここでその議案を議論します。とことん議論します。ここで小数意見を聞きます。

日本でも何々委員会、例えば予算委員会や文教委員会というのがあります。それは委員会ですが、もう1つ別に公聴会と言いますか、審議会があります。日本の審議会は、建前上は、幅広く日本人の違った人の意見を聞くという制度になっていますが、実はどうでしょうか。すでに、そこでの審議会のメンバーは人選がされています。そうすると、そこで行われる議論は、ある意味で結論がもうすでに出ていることが審議会にかけられる、ということが多いのではないでしょうか。

スウェーデンでは、専門委員会という場が設けられ、それは公開のときもありますし、非公開のときもあります。**この専門委員会、16の専門委員会がありますが、ここでは法律をつくるプロの人たちだけで、８つの政党の議員がとことん議論するというかたちをとります。**これが専門委員会です。ですので、この専門委員会の役割は、スウェーデンの法律のまさにベースをつくっているところです。

日本にも似たような委員会がありますが、実質はかなり違います。日本には今いくつ政党があるでしょうか。スウェーデンの国会の専門委員会のように、その政党の人たち全部が集まって、そこで議員同士がとことん議論を尽くすというこのプロセスが、日本ではどの段階で行われるのでしょうか。

そして、もう1つの特徴は、法律ができるまでのプロセスです。専門委員会で結論が出たら、

ここがPOINT!～14

●国会専門委員会●

・国会専門委員会は国会審議の要である。

・国会で審議、討論、採決の前に、国会専門委員会でその議案の討論、審議を行い、報告書を国会に提出する。

・16の国会専門委員会があり、各委員会は17人の国会議員で構成される。構成は各党の議席数を反映する。

・必要に応じて、特別委員会が設置されることもある。

①民事委員会：結婚、親権、相続、商業、土地、保険、会社、消費者など市民生活に関連する事項。

②憲法委員会：憲法と国会、行政、放送とラジオに関する事項、言論の自由、宗教、政党への資金提供、および国会議員と大臣の起訴に関わる案件。

③文化委員会：文化、教育、スポーツ、宗教などに関わる事項。

写真8　専門委員会会議

Photo:Sveriges Riksdag

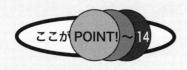

ここがPOINT!～15

●国会専門委員会～追跡調査●

・法案が国会で成立後も、専門委員会はその法案の実施状況について追跡調査を行い、その評価を行う。
・法案の実効性、予算との関連、法案の欠点などを実地調査する。
・調査・評価結果は国会報告書のかたちで発行される。
・必要なら、法案を再審議して修正法案を審議する。

写真９　成立した法案の追跡調査ー実効性を調べる

今度は国会の本会議にかけます。本会議で決定されると、もちろんそこでは多数決ですから、採決をとって法案が成立します。

　ところが、そこで法案が成立したとしても、スウェーデンではもう1つ、「**追跡調査**」というのがあります。法案が国会で成立した後も、専門委員会がその法律の実施状況について追跡調査をして、こういう点がまだこの法律には抜けていたとなると、もう一度また法律をつくり直します。こういうフィードバックがあるということが、スウェーデンの専門委員会の別の特徴かと思います。

■国会の歴史は、「女性の参政権への闘い」の歴史

スウェーデンの国会は19世紀から、日本で言うと江戸時代の半ばからできていますが、次ページの表（ここがPOINT!〜16）にもあるように、民主主義とは女性の参政権への闘いです。女性が、どこまで政治に参加できるか。スウェーデンで言うと、１９２１年に女性の参政権が生まれました。日本は、第２次世界大戦後の１９４７年だったでしょうか。女性の参政権が生まれたのはいいのですが、その後、女性が国会にどこまで進出できるかということが、民主主義というか、国会の役割を決めるときの大きな指標になるかと思います。

今、スウェーデンには24人の大臣がいますが、その半分の12人は女性です。スウェーデンに限らず、北欧諸国では女性の地位、女性の力に、たいして差はありません。

そして、今まで述べてきたような参政権のプロセスを実行しているのは、スウェーデンの民主主義ですが、民主主義というのはやはりスウェーデンや北欧諸国を見ていると、それが完成したかたちとまではいきませんが、ある程度成熟するためには、「時間」というファクターが非常に大事かと思います。

と言うのは、日本にも大正時代には「大正デモクラシー」という言葉がありました。ただ、デモクラシーというのは、本当の意味での参政権が――女性の参政権または18歳になったら誰にで

・**1919年5月24日**：スウェーデン国会は男性、女性を問わず同じ参政権を認める法案を可決。その背景には第一次世界大戦後のデモクラシーがある。

・**1921年**：総選挙でスウェーデン史上はじめて5人の女性議員が誕生。スウェーデンではこの年を真の民主主義誕生ととらえている。

・**1971年**：2院制を1院制に変え、議員数を350人にした。国会運営の核である専門委員会制度を改革して、立法と予算の2つしかなかった委員会を16の専門分野に分けた。

・**1973年**：この年の総選挙で350議席のうち社会民主党と反対党の議席数が175ずつになり、採決するときにくじ引きで決めざるを得なくなった。

・**1975年**：その結果、国会の開会式を議会ではなく街中でやらざるを得ない事態になった。

・**1976年**：それに懲りて、国会議員数を偶数の350人ではなく奇数の349人に決めた。

・**1989年**：障害者、服役者などは投票権がなかったのが、この年にようやく差別なく万人に投票権を認めた。

・**1994年**：議員の期間を3年から4年に変更。国家会計を暦年に合わせる1月―12月にする会計年度に改革した。その結果、予算の審議は9月に行うことになった。

写真10　民主主義とは女性の参政権への闘いである

Photo:Sveriges Riksdag

ここがPOINT!～16

●スウェーデン国会の歴史●

・**1435 年**：最初の国全体に関する問題の会議（Arboga 会議）。

・**1540 年**：国会（Riksdag）と呼ばれる最初の会議、グスタフ・ヴァーサ国王が貴族、聖職、市民、農民の 4 階層の国民を招集。

・**1600 年代**：国王の権力が強大化、国会は弱体。

・**1700 年代**：「自由の時代」の風潮で 4 階層の力が増大、2 政党が誕生（the Hats and Caps）、専門委員会の設置など、現在の国会の原型がつくられる。

・**1772 年**：グスタフ 3 世の無血クーデターで国王の権力が復権、国会は無力化。

・**1809 年**：新憲法公布、国王と国会の分離、世界最初の国会オンブズマン制度、政府運営法成立、三権分立。

・**1865 年**：4 階層代表制度を廃止し、2 院制の導入。上院議員は県議会、市議会議員が選ぶ間接選挙制度。高学歴と富裕層が議員になる。下院議員は地主か納税者の男子のみが選挙で選ばれる限定選挙制度。

・**1865-1974 年**：憲法の大改革。市民勢力の台頭に対応。

・**1862 年**：成人女子で、未婚で、財産のある女性に限り、地方議会議員の選挙の参政権を認める。

・**1984 年**：女性の普遍的な参政権の問題が全国的な広がりを見せるが、実現にまでは至らない。

・**1909 年**：兵役を終了し、納税した男子のみが投票権を得る。

・**20 世紀前半**：女性の参政権運動がピークに達する。女性解放運動はすなわち参政権を獲得する運動である。

・**1912 年**：女性の参政権を認める政府法案が議会に提出されるが、否決される。

・**1918 年**：地方議会選挙に女性も差別なく有権者となる。

も参政権がある、外国人でも参政権がある、幅広い意味での参政権が生まれてはじめて民主主義が、ある意味では完成したと、とらえるべきではないかと思います。

スウェーデン政府の民主主義のとらえ方として、私には好きな言葉があります。「**すべての人間は、貧困に対して闘うことを許される。そしてその声は聞き届けられ、尊重されなければならない。このことができるのは民主主義だけである。**」

確かにいろいろな政治体制はありますが、この言葉にあるようなことができるのは、今のところ民主主義だけですよと。ですから、しばらくは、次の何かいいシステムができるまで、民主主義でいきましょう、という政府のスタンス、これがスウェーデンの基本です。

「すべての人間は、貧困に対して闘うことを許される」。世界を見て見ましょう。すべての人が貧困に対して闘うことが許されているでしょうか。闘おうとしたら、殺されてしまう。闘おうとしたら、拉致されてしまう。闘おうとしたら、阻害されてしまう。そういう地域、民族が多いのではないでしょうか。

次の言葉も、非常に好きな言葉です。「**民主主義の核は、同等の尊厳と人権である**」。そうですね、ちなみにスウェーデンの国会は、こういうような国会です。

絶対的な権利と自由があります。発言は自由です。万民はみんな意見が違いますから、その発言を封じる力は誰にもありません。すべてそれはオープンです、という意味です。

ですから、**スウェーデンの民主主義の前提条件として、自由な選挙、政党制、メディアが挙げ**

ここがPOINT!〜17

●スウェーデンの民主主義●

民主主義のとらえ方

・すべての人間は、貧困に対して闘うことを許される。そして、その声は聞き届けられ、尊重されなければならない。

・このことができるのは、民主主義だけである。

・民主主義の核は、同等の尊厳と人権である。

・民主主義の実現には、法の原理にもとづく司法制度を必要とする。

絶対的権利と自由

・自由な発言の保障

　+ 政治的意見、宗教的意見、文化的意見

・非人間的な刑罰、肉体的・精神的暴力の阻止

　+ 死刑の廃止、体罰・拷問の禁止

　+ 崇拝の自由

　+ 意見を強制することの禁止

写真 11　市議会に兼用されることもある市民ホール　Photo:JISS

写真 12　スウェーデンの国会

Source:Melker Dahlstrand/imagebank.sweden.se

ここがPOINT!～18

●スウェーデンの民主主義の前提条件●

①自由な選挙
②機能を有する政党
③自律し自立したメディア
④自由に活動するNGOs
⑤政治家の説明責任
⑥自由な教育
⑦情報公開と情報入手
⑧男女平等
⑨個人の尊重と違いへの寛容
⑩権力の分散と地方自治
⑪法の下では万人が平等

写真13　950万人の人口を抱える
スウェーデン
Source:Ola Ericson/imagebank.sweden.se

られます。メディアは独立していなければいけません。

「民主主義の前提条件」が200年以上前に成文化

それから、スウェーデンにも、北欧諸国にも共通しますが、ＮＧＯ（非政府組織）活動が非常に強いです。ＮＧＯ的な活動分野は、ＮＧＯ、民間団体に任せようという国々です。自由な教育とか、後でちょっと言いますが、情報公開と情報入手、男女平等、法の下では万人が平等、こういう民主主義のいろいろな前提条件がそろってあります。

民主主義のいろいろな前提条件のそれぞれを、わが国に比べてみると、もちろん日本でも同等のところもありますし、まだそこまでいっていないというところもあるかと思います。

そのなかでも一番大事なのは、知る権利です。権力が力を持ったら、何でもできます。そういうときに、それに対してブレーキ役になるのは、国民の「**知る権利**」です。この権利に関しては、もうすでに18世紀、１７７０年代にスウェーデンでは２つの法律をつくっています。それがスウェーデンの憲法になっています。

具体的には、国民は公権力が何をしているか知るために、その手紙、メール、関連文書の閲覧を要求できます。そしてまた、公権力はそれを拒むことができないという決まりがあります。「**表現の自由**」もそうです。当然、民主主義というのは、市民の参加、市民の自由な発言によって成り立っています。

表現の自由、知る権利と情報公開は民主主義の大原則ですが、それについてはスウェーデンでは２００年以上の歴史を持っていることに、私は民主主義の無視することの出来ない成熟度を見る思いがします。

それから、人権の問題にしてもそうです。人間は平等であるということと差別をしないということ。スウェーデンでも差別は現にありますが、毎日毎日努力をしながら、そういう差別をなく

ここがPOINT!～19

●スウェーデンの民主主義●

知る権利と公文書の入手

・国会、政府、行政機関の行為を知るために、公文書を入手出来ることが民主主義の実現に不可欠である。

・国民は、公権力が何をしているか知るために、その手紙、メール、関連文書の閲覧を要求できる。

表現の自由

・表現の自由は民主主義の権利である。

・スウェーデンのいかなる権力もメディアの印刷物を事前に干渉や検査をしたり、検閲することは許されない。

市民の参加

・民主主義の実現には毎日が闘いである。

・民主主義の砦を守るには情報が入手でき、それにもとづきお互いが議論しなければならない。

・その行為が民主主義社会の明日を築くもとになる。

写真14　デモによる意思表示

Photo：Janerik Henriksson, Scanpix

ここがPOINT!～20

●スウェーデンの民主主義●

移民と難民の受け入れ政策

・スウェーデン社会は移民と言わず、「～系スウェーデン人」と呼ぶ。

・スウェーデンが守ろうとし、努力している差別撤廃の好例が移民、難民受け入れである。

・人口の 13%が移民で、今後も増加をたどる。

移民・難民に対する基本姿勢

・人間は等しく人権と尊厳を有する。

・スウェーデン政府は、保護を求めて母国から避難してきた難民を歓迎する。

・外人排斥は民主主義の最大の敵である。

・スウェーデン政府は外人排斥と不寛容に対して断固闘う。

・移民・難民政策は民主社会の象徴の 1 つである。

写真 15　アフリカ系スウェーデン人

Source:Erik Leonsson/imagebank.sweden.se

そう、なくそうとしています。そのなかで、象徴的というか、スウェーデンという国の考え方、行動を非常によく表しているのは、**移民の受け入れと難民の受け入れ**です。

スウェーデンでは今、「移民」という言葉を使わないようにしています。その代わり、例えばアフリカから来た移民の人であれば、「アフリカ系スウェーデン人」と言います。アラブの諸国から来た移民、例えばシリアから来た難民の人であれば、「難民」とは言いません。「アラブ系スウェーデン人」と、必ず「スウェーデン人」という言葉を付けて言います。本当にそこまで言っているのかと思いますが、実際そう言っています。

ですので、今、スウェーデンは、もちろん国内にはいろんな意見はあったとしても、現実としては、スウェーデン政府は、「私たちは難民を拒まない。移民を拒まない」とはっきりと明言しています。

そして、現にスウェーデン人１００人のうち15人が移民・難民系のスウェーデン人になろうとしています。この国の難民・移民政策を見たときに、いかにもスウェーデンらしい、人間はみな平等とみなす考え方が、非常に明確に現れている政策と感じられます。

憲法の改正には、最低8年間かける

スウェーデンも立憲君主制、王様がいます。グスタフ16世とシルヴィア王妃という母がブラジル人で父がドイツ人の王妃がいます。そういう点では日本と似ています。

日本では、今ちょうど憲法論議が起こっていますが、ご存じでしょうか、スウェーデンには憲法がないのです。ただ、憲法に相当する法律が４つあります。先ほど述べた表現の自由、情報公開に関わる法律。これが４つの法律のうちの２つを占めています。あとはスウェーデンの行政法

ここがPOINT!〜21

●スウェーデンの憲法●

・法律が国の自律を定めるものであるのに対して、その法律自体に自律を求めるものが憲法である。

・スウェーデンには統一された憲法は存在しないが、４つの法律が憲法と見なされている。

・そのうち２つの法が、「表現の自由」と「知る権利」および「情報公開」を規定し、原型は 18 世紀半ばに成立している。

スウェーデン憲法の特徴

・単独の憲法はない。

・４つの基本法を憲法とみなす。

・人権・平等・表現の自由を強調。

・憲法改正の手続き

　+２度の総選挙による議会の承認

　+政権交代に無関係

写真 16　地方巡業で演説する
スウェーデン国王
Photo:JISS

憲法構成の４基本法

①政府と行政—法律の制定とその実行

②立憲君主制と王位継承

③出版の自由（Freedom of the press）—自由な情報入手と情報公開

④表現の自由（Freedom of the expression）

ここがPOINT!～22

●スウェーデン：立憲君主制●

・立憲君主制は憲法の規定による。

・国の元首（Regnant）

　＋国王（the king）又は女王（the Queen）

　＋資格は 18 歳以上

　＋女性の元首も認める

・元首は国会の原理に従う

・元首は実質権力を持たない

・象徴として国を代表する

　＋元首への情報提供が大事

　＋元首は３つの情報委員会の議長

・現在の国王はカール・グスタフ 16 世、王妃はシルヴィア、次の国王はヴィクトリア（女性）である。

・皇族は皆国民総背番号制度により、個人背番号をもつ。

写真 17　グスタフ国王とシルヴィア王妃

Source:English newspaper in Sweden, The Local

と、立憲君主国ですので王室に関わる法律と、スウェーデンの憲法に相当するのはこの４つの法律です。

日本はちょうど今（２０１４年）、安倍内閣の下に、「集団的自衛権」を元にして憲法改正という問題が日々論議されていますが、スウェーデンの４つの法律、憲法に相当する法律を変えるときにはどうしたらいいか。どういう手段を彼らは取っているか。これも1つ参考になると思います。ともかく時間をかけます。8年間かけます。最低8年、時間をかけなければ憲法改正をできないようなシステムにしています。

どういうことかと言うと、今の国会で今ある憲法を改正するためには、選挙を経た次の国会で審議します。そこで、憲法をそのままにするか、改正するか審議します。

スウェーデンは、先ほど述べたように4年ごとに選挙です。中間にはほとんど選挙はありません。4年ごとにきっちり行われ、しかも9月の第3日曜日と決まっています。4年ごとの選挙、スウェーデンではちょうど今年がその年に当たります。

審議の結果、今の国会で憲法を改正することにしたとします。それでも憲法改正にはなりません。もう1回、次の選挙を経た国会まで待ちます。そのとき政権が代わっているかもしれません。2度の選挙を通じて、2度の国会を通じて、はじめて憲法が改正できる。8年間かけるというのが、彼らの憲法改正です。

日本のように、今の安倍内閣が憲法をこのように解釈し直しますといっても、そういう余地はありません。そういう余地がないということは、選挙民がそういうことを許しません。

スウェーデンの国会というのは、先ほど述べたように、議員は政党別に投票率90％の選挙民により、国民に選ばれているので、選んだ国民の目が非常に厳しいのです。憲法を解釈であれ何であれ、勝手に変えたりしたら内閣失格です。

スウェーデンでは、そういう憲法に対する取り組み方がある、ということを知っていただきたいと思います。それをどのようにとらえ、判断されるかは皆さんにお任せしましょう。

お話しの続きに戻りますが、ここに４つある基本法の中で、表現の自由と知る権利、情報公開

ここがPOINT!～23

●スウェーデンにおける出版・表現の自由●

①スウェーデン憲法を構成する法律の１つである。

②すべてのスウェーデン市民は、公的機関の検閲を受けることなく、自由に印刷物をつくり、公表する権利を有する。

③すべてのスウェーデン市民は自分の意見を述べ、議論する権利を有する。

④ただし、次の事項は表現を禁止する。

＋アルコール類とタバコの広告

＋タバコ以外の広告に商標名が分かるタバコを含むこと

+EU 諸国での権利の取得のために、健康または環境保護を謳った広告

＋クレジット関係の情報

＋刑法による負債と情報入手方法で被った損害の負債

+18 歳以下のポルノ映像

写真 18　酒の広告禁止　スウェーデン国民の酒アクアヴィット
Photo:wikipedia

を柱に置いているというところに、スウェーデンの民主主義の真髄を見ることができると思います。

表現の自由。これは言っても言い尽くせません。基本中の基本であるということです。

この知る権利と公文書の入手、表現の自由とか、各論のほうで見ていただければ、もっと詳しいことが分かりますが、ともかく表現の自由を最大限保証している。これは国会においてもそうです。

■隣人であれ、給料はお互いに知ることが出来る

ともかく、民主主義というのはオープンにすることが第一です。スウェーデンでは、会社の幹部であれ、地方の団体役員であれ、議員であれ、全部Eメールが公開されていて、そこに誰もがコミュニケート出来来て、またそれに答える義務が彼らにはあります。

特に公務に携わる人は、誰の意見でも訊こうと思えばいつでも訊けるシステムになっています。これは、知る権利と情報公開に加えて、コミュニケーションを手段的に見たときに非常に大きな要素と言えるのではないでしょうか。

そこで、ついでに述べておきましょう。スウェーデンの人口は、今約950万人ですが、お互いの給料を知ることができるということを、皆さんは知っていましたか。私たちの感覚からする

と、給料というのはプライバシーの最たるものだと思いませんか。ところがスウェーデンでは、個人の給料は全部オープンです。なぜなのか、ここに情報公開の1つのヒントがあると思います。どういうことかと言いますと、個人の給料は税金に関わることです。給料によって税額が決まります。だから**税に関わることは公的で、パブリックなことだから、オープンにする**のです。しかし、私たち日本人はすぐ「いや、それは個人情報だよ」とオープンにはしません。情報の保護、プライバシーの保護ということで、ときにはそれを隠れ蓑《みの》にさえします。このことをよしとするかどうかは、また皆さんの判断にお任せしますが、ただスウェーデンではこうだよということです。

個人のプライバシーとパブリックを分ける、その線引きの仕方を、税金を補助線として使ったときに、彼らのパブリックの考え方、個人情報の扱い方がはっきりと分かれます。給料は税金に関わることですから、隣の人の給料でも——もちろん、その手続きはありますが、すべてオープンです。知ろうと思えば、誰の給料でも知ることができます。隣のご主人の給料も分かれば、私の給料も逆に人に知られます。そういう国です。

ここがPOINT!～24

●スウェーデンの「情報公開」と「知る権利」――その１●

1.　公文書入手の権利

①公文書入手の権利は「表現の自由」法で保障されている。

②すべてのスウェーデン市民は公的文書を知る権利を有する。

③情報の自由な入手は、国民の意見交換、討論、思考の構築に不可欠である。

2.　知る権利の制限

①国および他国や国際機関の安全保障に関わる場合。

②国家財政、金融、通貨政策に関する事項。

③公的機関が行う検査、管理、監督に関わる事項。

④犯罪防止や起訴に関すること。

⑤公的機関の経済的利害に関すること。

⑥個人の保護や個人の経済状況に関わる場合。

「知る権利に対する制限」への規制Ａ

①スウェーデン国民は、公的機関が所有するすべての情報を入手する権利を有する。

②公文書は申請者の要望があり次第、それを現場で公開しなければならない。

③公文書に秘密の箇所があれば、その部分を除いたものを公開しなければならない。

④情報保持者は、情報公開の申請者の身元を詮索してはならない。

⑤情報入手の申請が拒絶されたり、条件をつけられたりしたら、申請者は所轄大臣か裁判所に訴えることが出来る。

ここがPOINT!～25

●スウェーデンの「情報公開」と「知る権利」――その２●

「知る権利に対する制限」への規制Ｂ

①情報公開と知る権利に対する制限条項は、それぞれに関連する法律に細かく規定されている。

②国会と政府は状況によって、それらの制限を越えて情報を公開することが出来る。

③公務員は公的機関の所有する情報を、自分の判断で国民に知らせる行為が許される。

④知る権利と情報漏洩のバランスの判断は、人権尊重か、人権侵害かを基準にする。

⑤個人情報かどうかの判断は、公的なものか、純粋に私的なものかを基準にする。

⑥公的なものとは、ほとんどが税金に関わるものであり、個人の課税所得情報は税金に関わるものなので公的なものと認識され、他人が入手することができる。

⑦製造物については、製造者が情報を所有し、購買者はその内容を知ることが出来ない。そこで、製造者には情報公開する製造者責任が課せられる。

写真19　Almedais公開討論場
Photo:JISS

ここがPOINT!～26

●スウェーデンの「情報公開」と「知る権利」──その３●

個人情報の保護と公開

①スウェーデンでは出生届けは税務署に提出し、即、個人識別番号が与えられる。

②個人情報は個人識別番号と不可分である。

③個人情報は個人情報保護法で管理される。

④個人識別番号は社会サービスシステム実施のためのソフトインフラである。

⑤個人情報と公的情報との区別は、公的要素である税金に関連するかどうかで判断される。

⑥個人の課税所得情報は税金に関与するので、基本的に公開情報で他人でも知ることができる。

⑦個人の住所、電話番号、職業は公的情報で、インターネットで入手が可能である。

⑧公的機関のスタッフは、その機関のホームページにメールアドレスなどの情報を表示する。

⑨他社が人の個人情報を検索した場合、被検索者はその他者にあたる組織、検索目的を知ることが出来る。

写真 20　スウェーデン国民全員が背番号を持つ
Photo:JISS

第２講　選挙・国会・専門委員会・追跡

第3講

マイナンバー・税務署

総背番号制と税務署の深い関係

これまで選挙と国のあり方を紹介してきました。次は、その具体的な方法というか、それを裏付ける方法ですが、スウェーデンの総背番号制と税務署の関係についてお話ししましょう。

私たち日本でも２０１６年から、「マイナンバー」という制度が、もうすでに法律は通っているので、これから完全に実施されます。これは昔の住民基本台帳と同じです。今それほどマスコミも騒ぎませんので、皆さんも、ひょっとしたら見落としているかもしれませんが、日本人の全員に背番号が振られます。

スウェーデンでは、生まれたときからすぐ背番号である「**パーソナルナンバー**」が与えられます。10桁で、詳しくは述べませんが、生まれたときからまず背番号が付きます。そして、その背番号にもとづいて、18歳になると、今度は自分を証明する、私はこういう者ですという、いわゆる「**ＩＤ（身分証明書）**」が与えられます。この2つが、スウェーデンに生まれたときから死ぬまで付いて回ります。

ともかく背番号がなくてＩＤがなければ、スウェーデンではどんな行為もできません。ですから、これが基本中の基本です。

ここが POINT! ～ 27

●スウェーデンに生まれると●

スウェーデン国民総背番号制度

YYmmdd××××

生年月日　個人番号（PIN:Personal identification Number）

・住民登録および戸籍登録の一部

・17 世紀の教会登録が起源

・税務庁が発行し一括管理

・税務庁が他の行政機関に通知

・戸籍：個人番号、出生地、国籍、氏名、住所、家族関係、死亡と埋葬地

・スウェーデンに 1 年以上の居住者

ID カード

・スウェーデン市民は個人識別番号の他に社会生活に必要な ID 番号を所有する。

・個人の証明証：氏名、年齢、住所

・18 歳以上に適用

・税務署に請求、400 クローナ（Kr）

・インターネットで入手可能

・利用場所の例

　＋薬の処方　＋クレジットカードの支払い

　＋銀行取引

写真 21　スウェーデンでは生まれたときから背番号がつく

Source:Kristin Lidell/imagebank.sweden.se

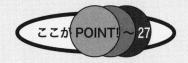

子どもが生まれたら、出生届は税務署に出す

そういう個人情報はどこが管轄しているかと言うと、日本人は「え？」と言いますが、スウェーデンでは、子どもが生まれたら、その届ける先は市役所でもなければ区役所でもありません。出生届は税務署に出します。外国人がスウェーデンに移住したときに届けるのも税務署です。結婚して名前が変わるときに届けるのも税務署です。結婚届も税務署です。住所が変わりました。それも届け先は税務署です。選挙の投票用紙が送られてくるのも税務署です。

先ほど述べたように、4年に1度総選挙が行われます。その選挙結果を集めて公表するのも税務署です。死んだときに届ける死亡届も税務署、埋葬許可書をもらうのも税務署です。

ともかく何事も税務署というか、最初に述べましたが、**国の基本は何と言っても税です**。お金がなければ何もできません。空論ではありません。実際に国の運営というのは税金ですよということが、ここまで徹底している。

徹底するために、税を集める方と支払う方の、つまり徴税票配付の方法と税収入を再配分する方法を全部税務署が扱っていて、そのための効率化として、国民総背番号制があるということを知る必要があります。日本でも、マイナンバーが——繰り返しますが、法律が通り、あとは交付されるだけです——実施されます。そのときのために、私たちは、スウェーデンのこういうやり

ここがPOINT!～28

●スウェーデン税制の特徴●

①Tax Agencyの直轄：財務省から独立
②簡素化：6種類のみ
③税金と社会保険料
④税金は個人が確認して申告
⑤社会保険料は源泉徴収
⑥税金口座
⑦国民総背番号制度
⑧情報公開と電子化
⑨所得税は全額地方自治体財源
⑩国民の合意

写真22　税制は国の根幹
Source:Carolina Romare/imagebank.sweden.se

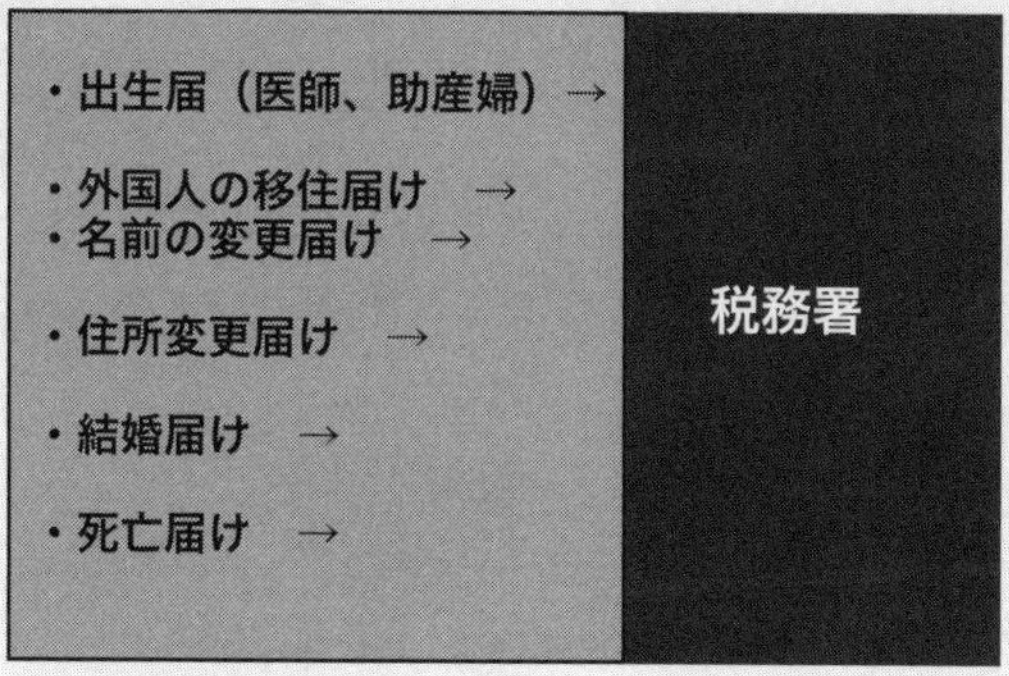

図7　個人情報は税務署が管理

方、こういう方法のどこかを参考にするべきではないでしょうか。そういう点が、スウェーデンの税制の特徴として挙げられます。

1円でも脱税があれば、その人は公人としての一生は終わり

それにしても、スウェーデンは税金が高い国です。「福祉は盛んだが、税金が高い国です」と日本人はよく言います。特にマスコミは、そういう表現をすることがあります。でも、これは2つの点で間違った認識です。

スウェーデンの税金は、何も福祉だけに使われるわけではありません。先ほど述べたように、貧困国からスウェーデンに移民として来たら、その日から、その晩から、衣食住が全部与えられます。教育も全部ただです。そういうところにお金を使っている。あらゆるところに税金を使っている。納入する方、集める方と、その使い途を、総背番号制にして合理化しているということです。ですので、脱税することがほとんど不可能です。

それとスウェーデンの国民は、国会のやること、国会議員のやること、議員のやること、役人のやることを、選挙を通じてずっと監視しています。そのときに1円でも脱税があったら、その人の公人としての一生は終わりです。税に対しては、非常に厳しいです。

日本人は口を開けばすぐ、「スウェーデンは高負担の国」と言いますが、確かに高負担の国と

言えなくもないですが、正確に認識しておいていただきたいと思います。

例えば、私がどこかの会社の従業員だったとしましょう。従業員だったときに、そのときの31・52％、私の賃金の約32％が「所得税」（地方によって異なり、実際には26％～35％の間）として税務署から取られます。これは自分の申告によるものです。天引きされる源泉税ではありません。この**所得税による税収は、スウェーデンの場合は国には行きません。地方へ行きます。**地方の運営のために回る。これが所得税（地方税。ある一定の年収額を超えるとその分は国税に回る）による税金の使い途です。

■スウェーデンは「福祉国家だから税金が高い」

もう1つ、日本人が口を揃えて、「スウェーデンは高負担」という、個人が支払う所得税（地方税）の他に、「社会保険料」というのがあります。これと上記の所得税を合わせると約60％になります。

ところが**社会保険料というのは、これが全部スウェーデンの社会保障、いわゆる年金とか医療とかの源泉になります**が、これは私がどこかに勤めているとすれば、そこからの天引き、源泉となります。これを「税金」に入れるか入れないかによって判断が分かれます。天引きされてきますが、従業員からすれば、これは事業主が負担するものとなります。それを支給額に入れると約60％、入れないと申告する所得税のみの実質的％の税金ということになるのです。

ここがPOINT!～29

●スウェーデンの税制の仕組み●

1.　**雇用者　負担**

①賃金×32.7%＝社会保険料（源泉徴収）→国庫

②法人税　26.3%　→国庫

2.　**被雇用者　負担**

①賃金×31.52%　→所得税（地方税）

②賃金×7%　→社会保険料（国庫）

③賃金×限界税率＝所得税　→国庫

＋年収約40万クローナ以上は超過分の20%（A）

＋年収約57万クローナ以上は超過分の5%（B）

(A+B) が国税

・雇用者は給与明細書を被雇用者と税務署に送付。

・税務署が納税者へ税額を通知　→納税者は携帯で確認通知（自分の税額を熟知)。

3.　**消費税（VAT）→国庫**

写真23　地方税務署

Photo:JISS

ここがPOINT!～30

●社会保障の財源●

1. **雇用者の源泉徴収**

+ 被雇用者賃金 × 32.7%
+ 社会保障財源（社会保険料）

2. **年金その他の社会保障費へ分**割

+ 32.7%

→ 年金 18.5%

→ その他 14.2%

+ 社会保険庁が管轄

+社会保障費は雇用者が源泉徴収

↓ ↑

スウェーデン社会保険庁

Swedish Social Insurance Agency

+社会保障費の監視機構：

The Swedish Social Insurance Inspectorate

ところが、人がスウェーデンは高負担の国というイメージを私たちに植え付けようとするときには、この源泉を入れてしまいがちです。本当は、より正確を期すには、もう１つ**社会保険料は事業主負担として税金として入れない見方もあると**、コメントする必要があるのではないでしょうか。

日本人の税金は、全部合わせると30％くらいですから、事業主負担の社会保険料を税金にカウントしなければ、実はスウェーデンと同じことになります。この源泉徴収を税に入れるか入れないか、どっちにするかによって表現のニュアンスがずいぶん異なってきます。

ですから、「スウェーデンは福祉国家ですね。でも税金が高いでしょ」と言うそれは、ちょっと表現の仕方が違ってきます。「スウェーデンは福祉国家ですね。だから税金が高いですね」と言い換えたらいかがでしょうか。税金のことは、各論で詳しく述べていますので、ここではこれくらいにしておきましょう。

それから社会保障の財源についてですが、福祉国家と言われる財源はどこから来ているかと言えば、先ほども述べましたが、今の被雇用者、雇われている人の賃金の32・7％（２００４年現在。近年では31・42％に変動）が源泉で、税務署は有無を言わさず持っていきますので、企業側からするとこれは企業負担になります。

だから**スウェーデンの企業経営は非常に厳しいと言われる**わけです。社会保険料32・7％はどういうふうに配分されるかというと、その約18％、約半分は年金です。残りの約14％は、その他、医療とか何かの社会保障の財源となります。**社会保障の財源には税は使われず、消費税も全然関係ありません。**

スウェーデンの税金における総背番号制の意味と、国の運営のための税金の使われ方を、数字を交えて紹介しました。

第4講

地方自治

国も県も徴税権がある市のやることには口を出さず、県と市の議員は全員ボランティア

　続いて、スウェーデンの地方自治にふれたいと思います。なぜここで「地方自治」をスウェーデンのポイントとして取り上げるかと言うと、これはスウェーデンの憲法ではっきり明文化しています。**地方のことには、中央政府は口を出してはいけないことになっています**。それは、地方自治体がやることで、口出しはバツというように決められています。

　考えてみればそうですね。地方のことは地方の人が一番良く知っています。地方にとって、一番大事なのは税金です。スウェーデン人が払う所得税は、全部地方に入ります。国には行きません。そのお金を使って、医療・保険・教育・福祉・行政、いわゆる住民の生活に一番密接なことをやるのが「地方自治体」です。

　地方自治体というのは、日本で言う「市」に当たります。○○市、これがスウェーデンには290あります。これが、まず地方自治体と呼ばれています。

　地方政治の体制は、そこにある市議会、県議会で行われます。県と市というのが、これもまたはっきり役割分担が決まっていて、**「県」が責任を持ってやることは、医療と保険の2つ**です。他のことはやりません。そして、**「市」のやることは、教育と福祉**です。例えば介護を例にとれば、

これは市の役割で、県は口出ししません。当然、国も口出ししません。

ですから、住民に一番近いところは県と市が役割を負っていて、しかもその財源は、そこに住んでいる人の、日本で言う住民税、スウェーデンで言う「所得税」です。これが財源になってい

ここがPOINT!～31

●スウェーデンの地方自治体●

・スウェーデン憲法では、中央政府は地方自治体に干渉してはならないと規定する。
・地方自治体は徴税権を含め、医療、保健、教育、福祉行政に大幅な自治権を持つ。

スウェーデン地方政治の体制

・スウェーデン憲法の１つ「スウェーデン政治の方法」による２つの条文がある。

①スウェーデンの民主主義は、国会と地方政府により実現される。国は地方政府の邪魔をしてはならない。

②スウェーデンには県と市があり、その議会が決定権を有する。

③自治体の長（県知事、市長）は、政権政党から任命され、地方行政の長と緊密に協力する。

写真 24　ゴットランド県庁
Photo:JISS

ます。ですから、「地方自治」「地方分権」と言いますが、そこには**地方が徴税権を、税金を集める力を持っていて、その使い方もみんな地方が決めます。**ちなみに、それを決める市議会議員なり県議会議員は、スウェーデンではほぼ「ボランティア」です。ほかに職を持っていて、夜集まってきて、みんなでお金の使い途をどうしようか、地域のことをどうしようかと議論します。

　ですから、市議会なり県議会には、そのための建物がありません。その議会を開くためには、「公民館」を借りて行います。**市議会議員、県議会議員はそれぞれがみんな職を持っていて、「議員」という専門職ではない**のです。そこが日本とは違う点で、みんな職を持っている「普通の人々」が議員になっているのです。

ここがPOINT!～32

●県と市の役割分担●

・県の役割＝医療と保健支出

①専門的医療　46%

②初期医療　25%

③種々の医療　10%

④精神病医療　8%

⑤歯科医療　4%

⑥交通・インフラ　7%

・市の役割＝教育と福祉支出

①教育　30%

②一般福祉　30%

③子ども・福祉　12%

④個人・家族福祉　6%

⑤その他（住宅等）22%

図８　県と市の役割分担と歳出

第5講

社会福祉・自立と人権

人は生まれたときから死ぬまで、みんな障害者

日本人の一番の関心事であるスウェーデンの社会福祉制度ですが、話し出したら切りがありませんので、各論は述べませんが、ここでただ1つだけ述べたいことは、福祉制度を考えるときに基本になる考え方です。

スウェーデンでは「福祉制度」という言葉は使いません。「社会サービス」と言います。ですから、そのサービスの財源は、先に述べた32%の源泉徴収の社会保険料で、それが元になっていますが、**スウェーデンの社会サービスには、税金は使いません**。企業負担の社会保険料、従業員から源泉徴収したそれを、私たち日本人が言うところの「福祉」に使っています。

その考え方の基盤は、次の言葉にあります。「人間はみんな障害者である。生まれたときから死ぬまで障害者である。私たちはたまたま健全でいるに過ぎない」。

人は誰でも障害者である。むしろ、たまたま健全でいるに過ぎない。ですから、当然、そこには健全でない人がいます。赤ん坊がそうです。妊産婦も障害者です。極端に言いますと、酔っ払いも障害者です。また、年を取れば歩けなくなる。若くても年寄りでも、病気になれば健全ではないですから、障害者になります。福祉制度が、そういう考えの下に成り立っているということが、スウェーデンの社会福祉制度の一番の基盤であるということを、みなさんには理解していた

だけたらと思います。

その中で社会サービスは、各論で言うと子どもの権利であるとか、年金であるとか、両親保険である、４８０日ある育児休暇、その中の30日は男も取らなければいけないとか、いろいろありますが、このへんの各論に関しては、日本でもいろんな書物も出ていますし、一番研究の多い、

ここがPOINT!～33

●スウェーデンの社会福祉制度●

・スウェーデンの社会福祉制度（社会サービス）の基盤は、「人間は皆、障害者である。我々はたまたま健全でいるにすぎない」という考えである。
・この考え方は、障害者、高齢者、幼児、女性、移民など、すべての市民を対象にする。

スウェーデンの社会サービス

・子どもの権利
・社会保険制度
・年金制度
・両親保険と育児休業
・医療保険制度
・保健・医療制度
・労働災害保険
・高齢者ケア
・精神障害者ケア
・公衆衛生制度

写真25　育児中の母親
Source:Lena Granefelt/imagebank.sweden.se

また書物の多い分野だと思います。

社会サービスについては、ともかく「**私たちはたまたま健全でいるに過ぎない。生まれてから死ぬまで障害者です**」**という考えが、スウェーデン人の「福祉に対する基本」**であるということを、ここでは繰り返して述べておくにとどめたいと思います。

福祉と同様に医療も財源は同じです。よく言われる医療費もそういう点では、ほとんどただです。教育費と医療費はただ同然。ただと言ってもゼロということではなくて、初診料の１０００

ここがPOINT!～34

●スウェーデンの保健・医療●

一般医療

・18 歳まで無料
・出産と検診は無料
・初診は市町村のヘルスセンター
・成人初診料は 900 クローナ（約 1000 円）
・薬代は年間 2200 クローナ（約 2600 円）が上限
・スウェーデン住民すべてを対象

歯科医療

・20 歳まで無料
・成人はクーポン券
・年間補助金
　・20-29 歳　300 クローナ（約 4000 円）
　・30-74 歳　150 クローナ（約 2000 円）
　・75 歳以上　300 クローナ（約 4000 円）
・歯科医療費　3000 クローナ（約４万円）以上に補助金
　・3000 ～１万 5000 クローナ：50%
　・1 万 5000 クローナ以上：85%

円とか１５００円はかかります。ただ、その基盤になっているのは、先に述べた個人の総背番号制であり、総背番号制にもとづいた税制があり、またＩＤがあり、そういう社会システムがあって、スウェーデンの医療の無料サービスが行われているということを見逃してはいけないと思います。

■高齢者も赤ん坊も社会のものだから、社会が面倒をみる

先ほど述べた「私たちはたまたま健全でいるに過ぎない。全員、障害者である」という考えにもとづく高齢者や障害者に対する支援にしても、「**人間は、生まれた瞬間から死ぬまで人権があり、独立した存在であり、自立した存在である**」という、スウェーデン国民の認識があると同時に社会全体の認識があります。

ですので、スウェーデンの高齢者も赤ん坊も社会が面倒をみます。ちなみに、スウェーデンでは、成人である18歳に達したら、両親とは暮らしません。一生、両親とは暮らしません。と言うのは、年を取った両親は社会のものです。例えば誰もいないところで認知症になり、ぼけ老人になっても、それは社会が世話をするという認識があります。

赤ん坊でもそうです。生まれた瞬間から、赤ん坊は人権があって、社会的な存在です。社会が面倒を見ます。それは親の問題ではないからです。こういう考え方が国民的な認識として、高齢

ここがPOINT!～35

●スウェーデンの高齢者支援●

①生活費　←年金、資産、住宅支援

②自立生活
←個人の自覚、人権意識、予防原則
←自治体、医療制度
←医療より福祉
→政治参加
←ハード機器、インフラ、補助器具
← IT、ICT の活用

③家族との接触　←日本より頻繁

④地域社会活動　→社会クラブ、年金組合
→生涯教育・成人教育

写真 26　高齢者の社会参加が大切
Source:Carolina Romare/imagebank.sweden.se

者支援にも、育児支援にもあり、そういう考え方が社会の基盤となっていることを理解しないと、彼らの福祉制度の本当の理解はできないと思います。

スウェーデンの老人は、話だけ聞くと寂しいと思われる人もいるかもしれません。確かに、そこだけ見るかぎりでは、私たち日本人の感覚からすると寂しく見えるかもしれません。でもそれは、ずっと生まれたときから死ぬまで自立して、一人で生きているのが人間の一番の尊厳であるから、彼らはむしろ、子どもと一緒には暮らさないというのが当然、という感覚になっています。

このへんが、内により掛かることと、家族により掛かることのシステムが、まだまだ根強い日本の国との違いではないかなと思います。ですから、**スウェーデンの高齢者支援で一番に目指す**

ここがPOINT!～36

●スウェーデンの社会福祉制度の基本●

・スウェーデンでは社会福祉制度を社会サービスと表現する。

・人間は生まれてから死ぬまで社会的存在である、とスウェーデン社会は認識する。

・ゆえに幼児も児童も高齢者も障害者も、家族とともに社会が世話をすることが社会サービスの基本であるとともに、スウェーデン社会の規範であり自律である。

・そのためには、個人が人間としての尊厳を維持しながら、自立することを前提にしている。

・死ぬまで自立し、自尊心を持ち、人格を維持することを社会全体がサポートすることが社会システムである。

・重要なことは、介護コストよりは、自立を促すコストの方が安く上がるという税金に関わるコストの概念が背景にあることを私たちは知っておく必要がある。

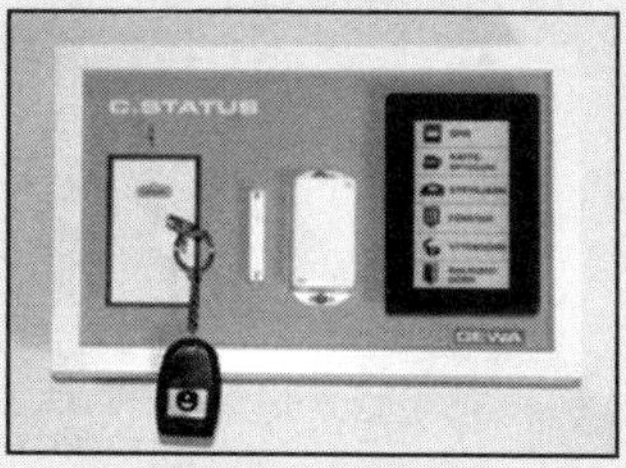

写真27　スウェーデン国立自立技術研究所は自立のための研究センターである

Source:Swedish Institute of Assistive Technology

ところは「自立」です。

それから、**福祉制度の障害者に対する障害者支援というのも、基本はこの自立を目指します。**障害を持った人が、職を持って早く税金が払えるようになる。そのための支援、そのための補器具を開発し、ともかく彼らの自立を助けるということが、障害者支援の基本になっています。ですから、この「自立」という基本のコンセプトをポンと抜いて、スウェーデンではこれだけ障害者をサポートをしている、これだけ手厚い保護をしている、ということだけをとらえても、この国の障害者支援というものの本質をつかむことにはならないと思っています。

人間は生まれてから死ぬまで社会的存在であるという、福祉制度の基本的な考え方を述べました。みなさんが、ある意味では一番関心の強い福祉制度ですが、今のように簡単に述べました。ひと言でまとめられるというのは、それだけスウェーデンの社会福祉制度というのは簡単です。人間のとらえ方が論理的で合理的だから、言葉で言うと簡単になってしまいます。

第6講

環境法典・裁判所・製造者責任

「環境法典」は、人間が動くだけで環境破壊行為であると規定

福祉先進国であると同じように、スウェーデンはもう1つ、環境先進国であるとよく言われます。確かにそうだと思います。なぜそのように言われるのかを、ポイントだけ述べてみましょう。スウェーデンの環境に対する考え方は、前にも述べましたが、障害者に対する見方と非常によく似ています。非常に単純明快です。障害者に対しては、「人間は生まれながらにして障害者である。たまたま私たちは健全であるに過ぎないというのが、スウェーデンの福祉政策の基本である」と言いました。

環境政策、環境保護に対する、または持続可能社会の構築に対する考え方も同じです。「**人間が不動産を使って行うあらゆる行動は、環境破壊行為である**」というように、後ほど詳述する「環境法典」は規定しています。極端に言えば、人間が動くだけで環境破壊行為ですよと。それ以外のことではあり得ないわけです。もう空気を吸うことから、ここに私が座っていることでさえも環境破壊行為である、ということです。

ここがPOINT!～37

●スウェーデンの環境理念：
現在生きる人間は、次の世代を犠牲にしてはならない●

・社会、経済、環境への長期的な視野。
・社会資源、天然資源を濫用しない。
・健全な経済活動が健全な環境をつくる。
・人権の尊重と男女平等を目指す。
・あらゆる差別をなくし、すべての人間が同等の権利と機会を享受する。

スウェーデンの環境保護政策

・スウェーデンの環境保護政策の原点は、持続可能社会の構築にある。
・持続可能社会とは、現在の問題を子孫に残さないという自律した信念である。

スウェーデンの環境政策

・持続可能な開発
・16の環境保護目標と気候変動
・環境法典
・土地・環境裁判所

写真28　サマーハウス
Source:Björn Tesch/imagebank.sweeden.se.

■16の目標：現在生きている人間は、次の世代を犠牲にしてはならない

電気は使っているわ、食べ物は捨てるわ、土地は利用しているわ、こういう建物の中にいるわ…ということで、考えてみればみんな環境破壊行為ということになります。そういう**当たり前のことをベースにして、法律に、法体系につくるのがスウェーデンです**。そして、それが集約されているのがスウェーデンの「**環境法典**」です。

環境法典の中に2つポイントがありますが、スウェーデンではすべてのことがらに目標をつくります。環境法典でも、「私たちの社会が環境保護のためにやらなければならないこと」を列挙して16の目標を決め、行程表をつくり、予算を決めて、環境保護をきっちりやる。

そのときにベースになっているのが、「持続可能な開発〈Sustainable Development Society〉」、これが基本です。現在、解決が必要な問題に対処して、現代の問題を次世代、次の子どもたちの世代に持ち越さないこと。もし持ち越すなら、そのときに次世代に向かって言うことは、「私たちはここまで努力してきたよ。でも、ここから先はどうしてもできないんだ。だから君たち、頑張ってね」という、これですね。ともかく、私たちができることには、全力をあげて取り組むということです。

ですから、**現在生きている人間は、次の世代を犠牲にしてはならない。これは、スウェーデン**

の環境に対する「基本中の基本的な考え方」です。

あとは行政の問題で、16の目標を決めています。私たちの世代、子どもの世代、孫の世代の世代間目標として、きれいな空気、健康的な住環境、自然を楽しむ豊富な機会、これを次の世代に渡して、そのほかの有害で好ましくないものは渡さないように努力しますというもので、これが

ここがPOINT!～38

●スウェーデンの環境行政　その１●

①環境省が政策決定

原子力安全と放射線保護も管轄

②環境保護庁が政策の実行を受け持つ

③各省はそれぞれの所管分野で環境問題に責任を分担する

④庁が県行政（county administrative Board）と協力して施策を行う

⑤環境目標審議会（The Environmental Objectives Council）は環境品質目標の実行を受け持ち、メンバーは庁と県の役人より成る。また、各分野の専門家、産業界、NGOと協力する。

⑥市町村（municipalities）は地域で環境法令の実行を図る　→アジェンダ21事務所

写真29　ヘラジカ
Source:Staffan Widstrand/imagebank.sweeden.se.

ここがPOINT!～39

●スウェーデンの環境行政　その2●

世代間目標

↓↓

「きれいな空気」

「健康的な住環境」

「自然を楽しむ豊富な機会」

↓↓

次の世代に渡す

①気候変動の影響
②空気汚染
③酸性化
④毒性物質のない環境
⑤オゾン層の保護
⑥放射線防御
⑦富栄養化
⑧湖沼、河川の保護
⑨安全な地下水
⑩海洋、海岸、島嶼環境
⑪湿原の保全
⑫変化に富んだ田園地帯
⑬森林保全
⑭偉容ある山岳地帯
⑮よく手入れされた環境
⑯多様な動植物世界

図9　環境品質目標：16分野

写真30　ソリとトナカイ Source:Staffan Widstrand/imagebank.sweeden.se.

環境に対する行政の目標です。

■ 独立組織「環境裁判所」が環境破壊行動の「許認可」を出す

そして、そういうことを法律対法律でつくり上げてきているのが環境法典です。環境法典で、スウェーデンの**環境に対する考え方、実施に対する考え方のコアになっているのが、「加害者支払い責任原則」**（＝「**製造者責任**」）「**用心・警戒原則**」「**予防原則**」です。これらがそのコアです。

その中で私が特に強調したいのは、環境破壊行動に対する「許認可」。ビルを建てていいですよ、ここに堤防をつくっていいですよ、ここに飛行場をつくっていいですよというときの許認可です。ここに工場を建てます、ここを住宅にしますというように、必ず利用者がそれを申請しますが、申請したときに、それを許認可するのはどこか、ということです。

スウェーデンでは、「環境裁判所」*という独立した組織があります。通常の行政組織ではなくて、環境だけを取り扱います。環境というとすべてが含まれてしまいますので、すべての土地、すべての不動産を使った許認可権は、環境裁判所という裁判所が持っています。

---

*環境裁判所は、それまでの国家環境保護委員会と5つの水裁判所を統合・改組して設置された。（大久保規子「環境民主主義と司法アクセス権の保障」より）（編集部註）

ここがPOINT!～40

●環境法典〈The Environmental Code〉とは●

・1999年に200近くの環境関連法と条例を一本化。
・今の世代と次の世代に健全な環境を保障する持続可能な開発を目的とする。
・環境裁判所に裁判権、土地利用に関する許認可権および強制執行力を付与する。

環境法典の柱

①持続可能な開発を基盤にする
②加害者支払い責任原則
③用心・警戒原則　→電磁波、低周波、放射能など漠然としたリスクのあるもの
④予防原則
⑤立証責任　→事業者の証明義務
⑥最善の対策（BAT:Best Available Techniques）
⑦ 活動場所の立地
⑧再利用とリサイクリング
⑨コストと効果のバランス

写真31　王宮
Source:Ola Ericson/imagebank.sweeden.se.

このことは非常に示唆深いと思います。今、福島原発事故の後、大熊町に中間貯蔵施設をつくるとか、いろいろな問題が起こっています。九州電力の鹿児島にある川内《せんだい》原発をはじめ、原発の再稼働を始めるかどうかをめぐってさまざまな問題が起こっています。こういうときに裁判所がゴーサインなり、ノーサインを出し、裁判所が許認可の判断を出すというやり方です。

　もちろん、内部に亘れば細かいシステムが分かれていますが、ともかく別の組織の裁判所というかたちで許認可権を持っているということ。環境行政が他省庁の管轄範囲に及ぶ日本とは違い、許認可権は環境省管轄の全く別の組織の裁判所が持っている。しかも通常の裁判所とは違うというところに、スウェーデンの特徴があると思います。この裁判所の組織、またはやり方は、その裁判所の情報が各論にあるので、そちらをご覧いただきたいと思います。

ここがPOINT!～41

●環境法典と許認可●

・環境破壊行動に対する許認可
（人間が土地を活用する活動は、すべて環境破壊行為である）
・約 5000 の事業が対象
・許認可事業の種別
　→Ａクラス：約 300 事業
　　環境裁判所が許認可
　→Ｂクラス：県・市町村が許認可
・許認可の基準
　→事業概要、排出基準、エネルギー効率、廃棄物対策、化学物質、運送手段、等
　→レミス（関連する組織の意見を聞くことを事業者に強制）
・環境アセスメントの強制
　→計画段階からの住民などとの早期協議制度
　→市民の合意を得るための事業者の努力

写真 32　フォースマルク使用済み核燃料最終処理場
Source:SKB

ここがPOINT!～42

●環境裁判所●

①スウェーデンには環境裁判所が5都市にあり、すべて地方裁判所の中にある。

②その上に環境控訴院（the Environmental Court of Appeal）があり、ストックホルムの控訴院の一部をなす。

③環境裁判所は土地利用と環境問題を管轄し、刑事事件には関与しない。

④ 20の地方環境局（Board）と 250の地方環境支局が決定した案件の合法性と有益制を審査、裁決する。

⑤ 2011年より、「土地・環境裁判所」に改名。→地方の土地利用計画と建築許可を管轄

写真 33　街は森の中にある

Photo:JISS

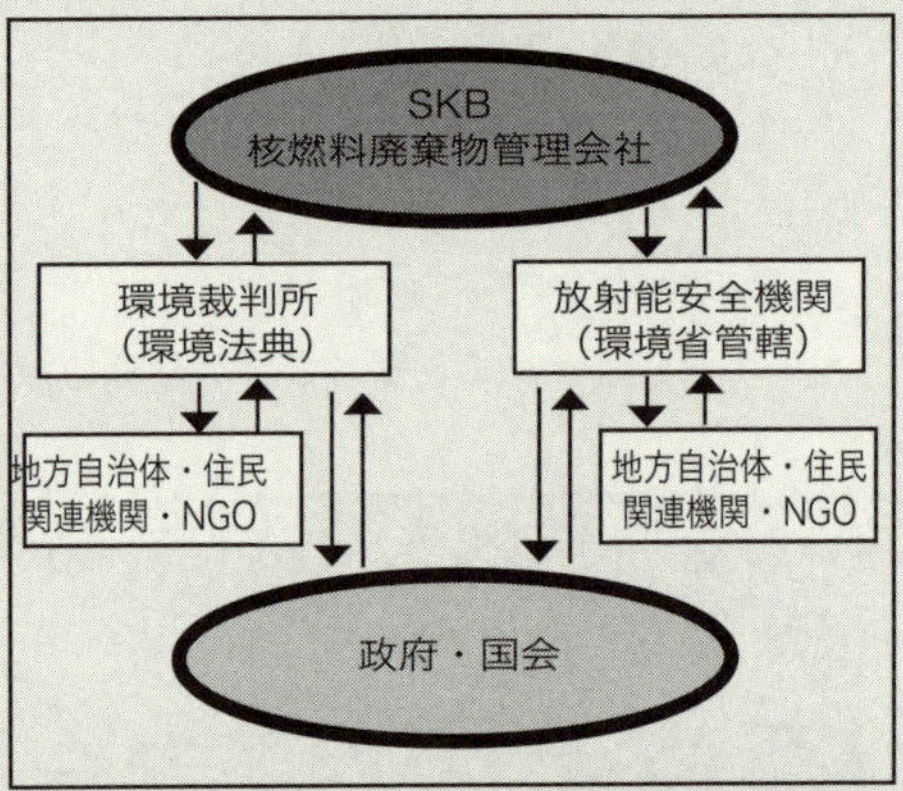

図 10　許認可の一例：核燃料廃棄物の貯蔵場所

■通常の裁判所は「過去」を、環境裁判所は「将来」を扱う

原発の再稼働が一番問題になっているときに、元首相の小泉純一郎さんがはたと気が付いた。２０１４年の都知事選のときに立候補した元首相の細川護熙《もりひろ》さんと一緒に、「おれは原発反対に回る」と、「脱原発」で意見を同じくする細川さんを応援しました。お二人はこの間、脱原発を目指す一般社団法人「自然エネルギー推進会議」をつくりました。そのとき、運動の引き金になったのは、使用済み核燃料の処理場をどこにつくるかです。

この問題については、スウェーデンでも、先ほどの環境裁判所がこの認可の審査をしているところです。ですから、あと2、3年はかかるのではないでしょうか。フィンランドでは使用済み核燃料の処理場の操業をもうスタートさせましたが、フィンランドの場合は、隣国ソ連の脅威がありますので、別の問題からも考えなければいけないと思います。

この環境裁判所の意義は、私もこれこそ非常に象徴的だと思うのは、通常の裁判所――いわゆる刑事訴訟、民事訴訟、いろいろな裁判があります。スウェーデンも同じですが、それと環境裁判所が別途あるということは、どこが一番違うのか、なぜ通常の裁判所で、環境裁判所が持っている役割を担えないのかということです。なぜでしょうか。

通常の裁判所は、証拠や事実を集めて裁判の結果を出します。判決を出すためには、犯罪もし

くは紛争が発生した時点から過去にさかのぼります。刑事事件ではとりわけアリバイもそうですし、ともかく過去にさかのぼって、犯罪なり犯行の動機なりを立証することによって犯人を特定しますが、ともかく過去のことを扱う。

ところが、環境裁判所が通常の裁判所と決定的に違うのは、環境裁判所が扱うのは過去ではなく将来のことです。この工場が建ったら、ここに処理場ができたら、ここに高速道路ができたら、どんな害があるのか。どんなことが起こるのか。将来を見越して、イエス、ノーの判決を出す。過去を扱うのが通常の裁判所であるとすれば、将来を扱うのが環境裁判所ということになりますが、単に環境を扱うから環境裁判所ではないのです。これまでの裁判所では扱うことができない将来を扱うのです。

ですから、そういう裁判所の裁判官にもそれにふさわしい人を集めてくる。ここにこれまでの裁判所との間に決定的な違いがあります。それが非常に大きな力を持っている。すべてのことを、ともかく**土地を利用した建物をつくったり、何か行動をするときの許認可は環境裁判所が持っているということが、環境法典の柱だと思いますし、環境法典というのがスウェーデンの環境行政を扱うときの核になっている、**ということを強調しておきたいと思います。

■「製造者責任法」で使用済み核燃料の処理責任が問える

それから、もう1つ「PL法」というのがあります。日本ではあいまいですが、PL法をどう訳すか。Pをプロダクツと訳すか、プロデューサーと訳すか。スウェーデンではPをプロデューサー＝「製造者」と訳し、「製造者責任法」と訳します。どんな製造物にでも、つくった人に責任があります。

ここがPOINT!～43

●環境裁判所の意義●

①環境法典の実施に際して、スウェーデンの環境保護政策の要をなす。

②経営者側と環境保護団体の双方から高い信頼を得る。

③許認可に対して開発か環境かの２者択一の選択では、客観的、長期的視野から判断を下す。

④行政と裁判の２ステップを１ステップに効率化できる。

⑤訴訟費用は無料である。

⑥専門的、技術的な訴訟に対処できる。

⑦緊急の環境訴訟に対して、６～８ヵ月で聴聞会を開催し、２ヵ月で判決が出る。

⑧通常の裁判は証拠を固めるために過去を探るが、環境裁判所は常に将来を探る。

写真34　環境裁判所は時に出向いてまで裁判を行う（ゴットランドにて）
Photo:JISS

一方日本では、ＰＬ法を「製造物責任法」と訳しています。日本はＰの訳があいまいで、製造物なのか製造者なのかはっきりしません。このへんのグレーゾーンを、割合日本人は好きです。したがって、法的にも責任の所在があいまいなままになっています。

しかしスウェーデンでは、ともかくプロデューサー、製造者の責任を問います。ですから**原発**

ここがPOINT!～44

●製造者責任の原則●

①製造者が廃棄物の回収と処理に責任を持つ

→ 1994 年に包装容器と古紙の法制化

→目的は、製造者のエコ意識の増加と持続可能開発への取り組みを促進する。

→消費者の参加が不可欠

→新規廃品事業業者が参入して、市町村の廃棄物処理計画と錯綜

→製造者が回収方法と回収場所を設定

→回収場所が近いことが回収効率の前提

②製造者は廃棄物の回収と処理のコストを負担する。

→耐用年数の長い自動車や家電製品の処理費用は製造者が保険でカバーし、倒産した場合に備えて、販売利潤の一部をファンドに預けておく。　→保険料の利息は消費者が負担する。

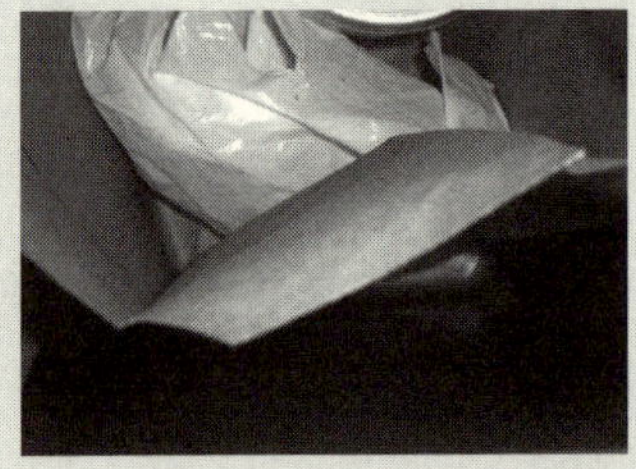

写真 35　回収から処理まで製造者責任が伴う

Photo:JISS

であっても、電気を起こす発電所に責任があります。発電所に責任があるから、発電所が使用済み核燃料なども処理しなければいけません。ですから、そこには当然、国は出てきません。こういうところに、製造者責任がはっきりしているということは、1つポイントとして挙げておきたい、と思います。

そういうことから、製造者の責任を問うスウェーデンでは、医療器のデポジット（預託金）シ

ここがPOINT!～45

●飲料容器の回収●

①アルミ缶、ペットボトルの回収は、デポジットシステムにより成功している。

→製造者がスーパー等に設置した回収機から現金が返ってくる。

→他のプラスチックや金属容器に適用する。

②鉄製輸入容器の容器に対しては製造者責任が適用されるが、デポジットシステムが適用されない。その理由は、

→消費者は容器が鉄だかアルミだか分からない。

→デポジットシステム全体への信頼性を害している。

→ゴミが増える。

③ペットボトル以外のプラスチック容器にも、デポジット回収システムが近く適用される。

写真36　デポジットシステム
Source:Fredrik Nyman / imagebank.sweeden.se.

ステムなどがその結果として出てきますし、人体に有害な水銀なども一生懸命処理しようと、水銀探知犬まで雇ってやっています。こういった環境先進国としての地道な努力の積み重ねが、スウェーデンの環境行政を見たときのポイントになり、環境の将来を見越した環境裁判所を持っていて、そこが許認可権を持っている、ということがウェーデンの環境行政の特徴かと思います。

ここがPOINT!～46

●廃棄水銀の処理●

① 2003 年を期して水銀を含む製品の製造は禁止された。

②すでに製造された水銀を含む製品を自然界に流出させてはならない。

③ 2010 年を期して水銀の使用は禁止する。

④ 1%以上の水銀を含む製品はすでに 1 万 5000 トン存在する。

⑤ 2015 年までにこれらの水銀製品は、地中深く埋めて 100 年以上人間社会から隔離する。

⑥そのための費用と埋め立て場所については、製造業者が協力する。

⑦水銀処分については、スウェーデンは世界の最先端を走り、EU と国連をリードしながら、将来的に世界のモデルになるであろう。

⑧水銀探知犬や、棺桶の上にセレンのカプセルを置いて火葬し、水銀（歯科治療に使ったアマルガム）の空中への拡散を防ぐなどの努力は、その一例である。

写真 37　水銀探知犬フロイ
資料提供：Studvik.

第７講

エネルギー・原子力・廃棄物

■エネルギー政策は「適正なマーケットの構築」から

スウェーデンでは、「環境の将来を見越した環境裁判所を持っていて、そこが許認可権を持っていること、また製造者の責任を問うのがスウェーデンの環境行政のポイントである」と述べました。それでは、私たちの生活の基本として、エネルギー問題、とりわけ原子力の廃棄物の扱いをどういうふうにやっているか、今まで述べたことの具体例として、簡単に項目だけ、ポイントだけ述べておきましょう。

スウェーデンで一番目立つのは、エネルギー問題です。と言うのは、持続可能な社会をつくるということを大前提に、エネルギーの問題にマーケットというコンセプトが入っています。エネルギーの問題を決めるのは、適正なマーケットの構築*から始めるという考え方は、日本人である私たちにはちょっとない視点ですので、詳しくは各論を参照してください。

---

*各論「環境政策・持続可能な開発」の「スウェーデンのエネルギー① 経済成長と環境保護の両立」に詳しいが、要旨は、「適正なエネルギー価格が企業の設備投資を促す。その設備投資が環境負荷を減少し、持続可能な社会をつくる。」というもの。非産業セクターの税率が産業セクターの20倍という、1991年に導入したCO_2税が大きな鍵を握っている。（編集部註）

ここがPOINT!～47

●スウェーデンのエネルギー政策●

・スウェーデンのエネルギー政策の基本は、持続可能な開発をめざすことである。その主眼を適正なマーケットの構築におく。

・スウェーデンは電力の半分を原子力におく原発大国である。

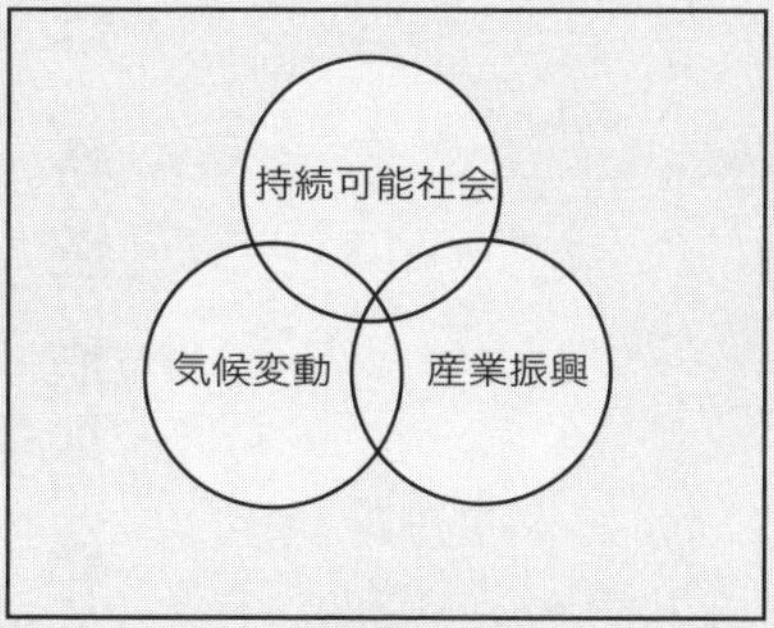

スウェーデン（Energy Agency 資料）

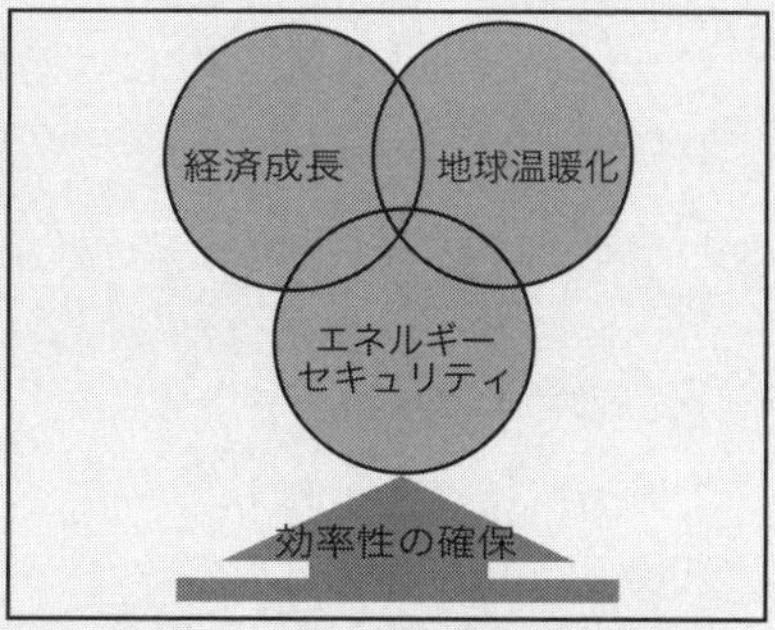

日本（資源エネルギー庁資料）

図 11　スウェーデンのエネルギー政策

経済成長と環境保護は両立

・スウェーデンの温室効果ガス排出量

→ 1990 年～ 2010 年に 9%減少

→ GDP は 51%上昇

→経済成長と環境保護は両立することの証明

・政策の効果

→ 1991 年、CO_2 税の導入

→エネルギー税の導入

→エネルギーの効率利用

→再生可能エネルギーの促進

エネルギー政策の基本は「持続可能な開発」が眼目

当然、持続可能な社会を目指す国のエネルギー政策には「気候変動」という項目があります。日本では、２０１１年の３・11東日本大震災の後、気候変動という言葉は政策的に急に聞かれなくなり、社会的にも「衰弱」してしまいましたが、スウェーデンの社会では気候変動のために国全体が動いているという意味で、依然として「健全」です。

スウェーデンは、国民一人当たりのエネルギー消費量が中国の３倍と言われるほどのエネルギー消費大国です。しかし一方では、温室効果ガス（主にCO_2）の排出量は１９９０年から20年の間に９％減少しています。

持続可能な開発をエネルギー政策の基本にしているスウェーデンでは、経済成長と環境保護を両立させ、私たちが思う以上に原発大国です。日本は今（２０１５年２月現在）まだ１基も稼働していませんが、福島原発事故の前までは54基ありました。スウェーデンには現在10基あります。日本に当てはめると、人口比にして約10倍することになりますから、日本に１００基あるのと同じ国で、それほどの原発大国です。しかも原発大国の中で、電力の40％を原発に依存しています。ですから、スウェーデンの原発というのは非常に大きな意味を持っています。

ここがPOINT!～48

●スウェーデンのエネルギー政策　その１●

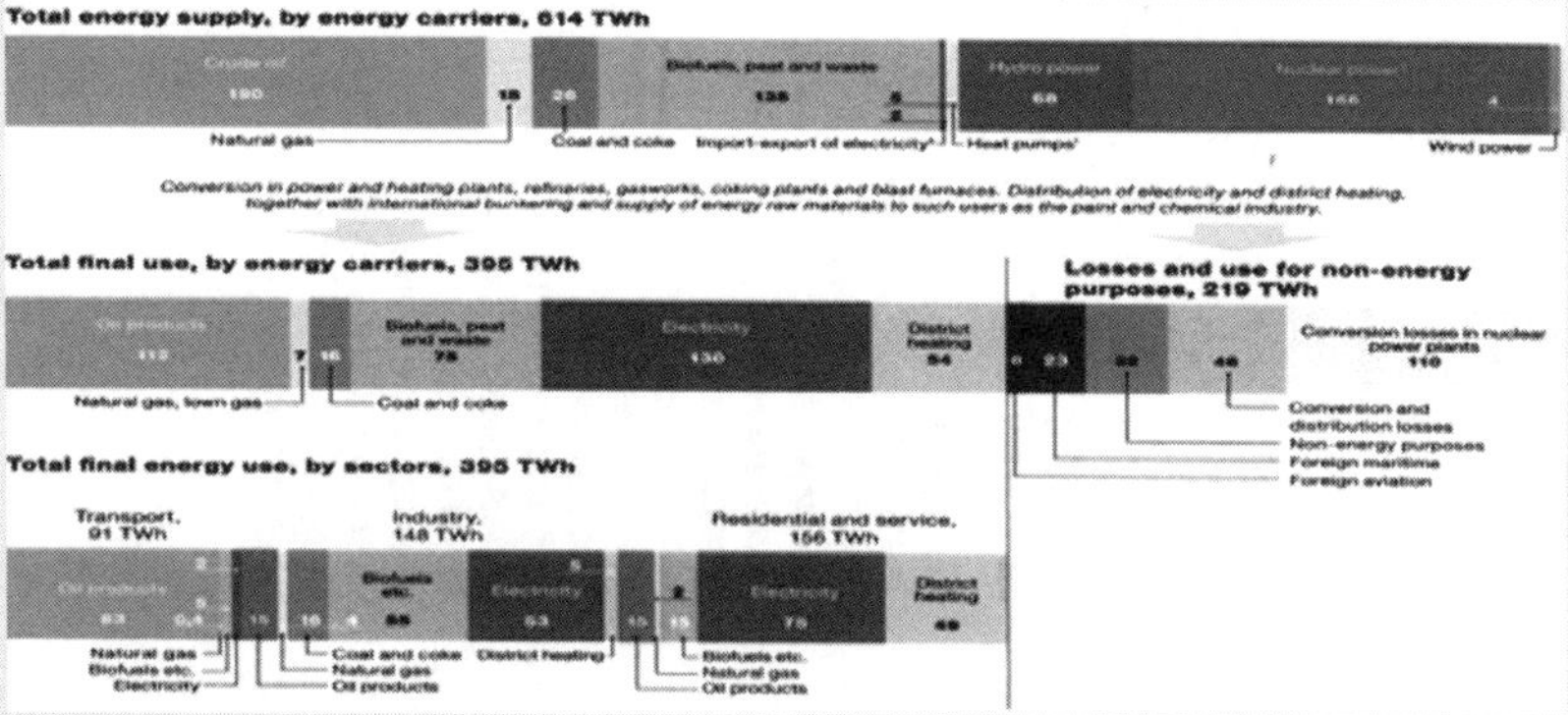

原料別全エネルギー供給	原料別全エネルギー消費	分野別エネルギー消費
①　原油　　31%	①　電力　　33%	①　住居・サービス　39%
②　原子力　27%	②　石油製品　28%	②　産業　37%
③　バイオ　22%	③　バイオ　19%	③　輸送　23%
④　水力　　11%	④　地域暖房　17% （ロス・その他　36%）	

図12　スウェーデンのエネルギー構造

Source:Swedish Energy Agency and Statistics Sweden.

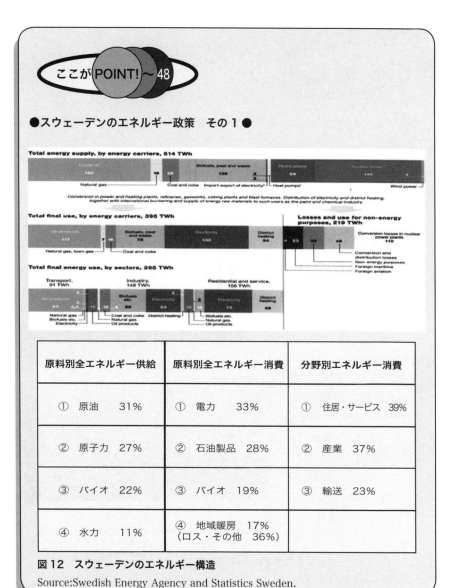

ここがPOINT!～49

●スウェーデンのエネルギー政策　その２●

発電能力（2011）	
① 水力	44%
② 原子力	26%
③ 火力（各種燃焼）	22%
④ 風力	8%

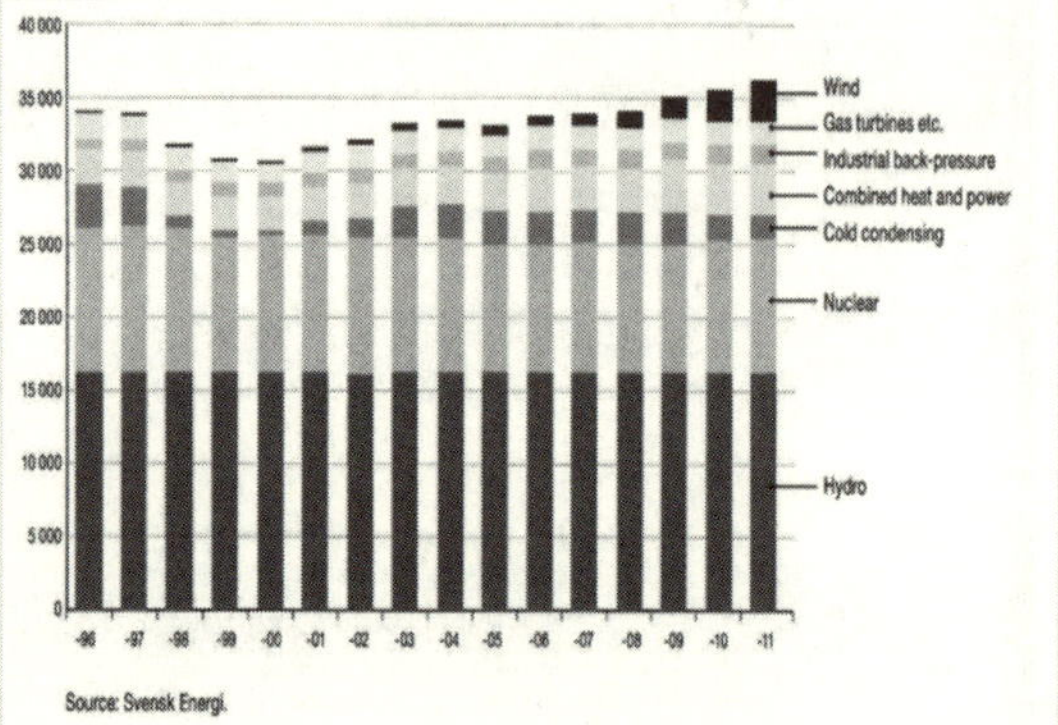

発電供給（2011）	
① 水力	45%
② 原子力	40%
③ バイオと化石燃料	11%
④ 風力・熱供給発電・ガスタービン	4%

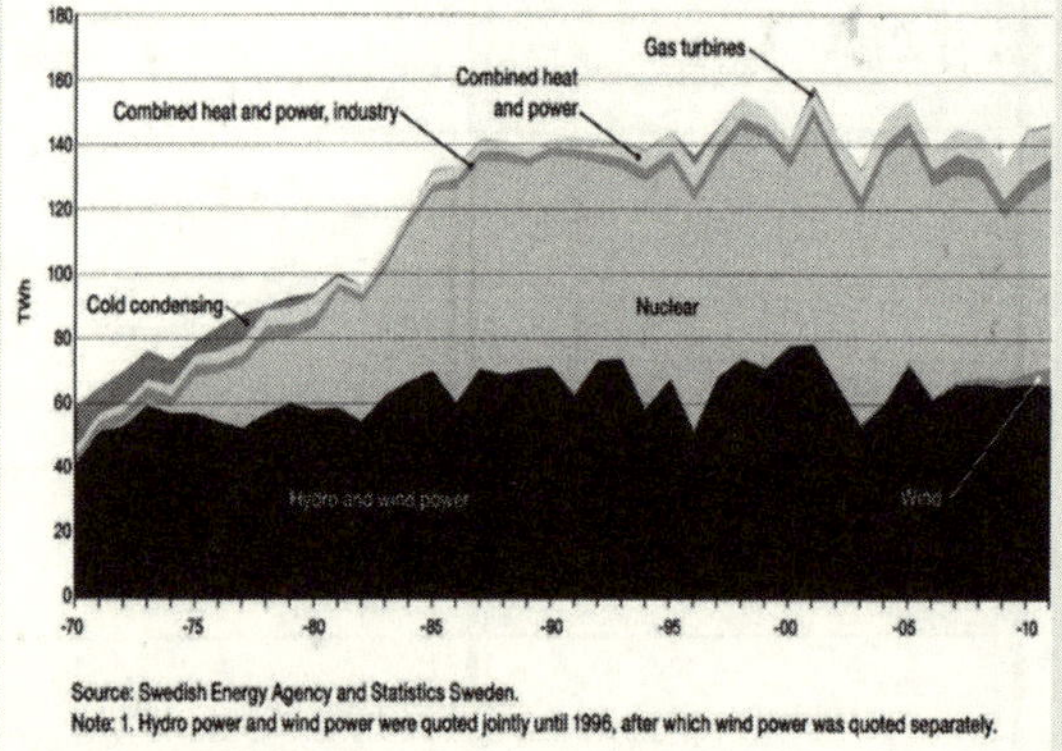

図13　スウェーデンの２次エネルギー：電力

Source:Swedish Energy Agency and Statistics Sweden.

■ポスト原発の再生可能エネルギー開発計画

一方で、「スウェーデンは再生可能エネルギーの盛んな国ではないですか」とよく言われます。再生可能エネルギーは、まだそれほど盛んにはなっていないのですが、ただ再生可能エネルギーを開発しながら、将来そっちに替えていこうという努力はものすごくしています。

その目標は、ちょっと先の話で長期の目標になっていますが、**２０８５年までに国内の全原発の完全廃炉と最終処分を決めています**。原発というのは40年、50年の寿命があります。40年、50年という原発も、別に科学的な根拠があるわけではなく、40年経てばメンテナンスコストのほうが高くなるから40年に決めています。便宜的に単なるコストの面で決めているに過ぎません。

そのようなスタンスで再生可能エネルギーも目指していて、現在、発電供給のうち水力（45％）が大半を占め、あとは主にバイオマス*（11％。ただし化石燃料を含む）、風力（4％。ただし熱供給発電、ガスタービン発電を含む）に依っています。そして当然、南欧などではパーセンテージの高い太陽光による発電がここでは見あたりません。ですから、スウェーデンは原発大国で今、10基の原子力発電所があるわけです。

*バイオマスは、主に間伐材などの木材を燃焼させるか、もしくは生ゴミ、家畜糞尿、汚泥などを一度ガス化し燃焼させることでタービンを回し発電させるもの。（編集部註）

ここがPOINT!～50

●再生可能エネルギー目標●

・EUとの協定遵守が基本
・EU協定　→スウェーデンの国内法
・2050年までに、温室効果ガス排出量を80%以上減少させる。
・2020年までに、再生可能エネルギーの割合を全エネルギー量の20%とする。
・2020年までに、スウェーデンは再生可能エネルギー量を最終エネルギー消費量の50%とする。
・再生可能エネルギー消費量
　+1990年：33%
　+2010年：48%
・自動車の再生可能エネルギー利用率を2020年までに20%とする。

写真38　ヴェクシェー市の熱・電力供給プラント

Source:VEAB

100年以上前から「トイレ付き原発」の計画を実施

ところで、前にも述べましたが、スウェーデンは民主国家です。民主国家というのは選挙で議員を選び、**スウェーデンの原発も、「投票率90％」で選ばれた議員が国会でそれを決めています。**

だからスウェーデンでは、２０１１年の福島原発事故の後、いろんなかたちで何回か原発について世論調査をしましたが、原発反対という意見が多数を占めなかったのです。

というのは、いったん自分たちが選んだ国会議員が、自分たちの意見を代弁して決めたことだから、福島の事故があろうが、チェルノブイリの事故があろうが、それに従う。もちろん、原発

ここがPOINT!～51

●スウェーデンの原発と住民意識●

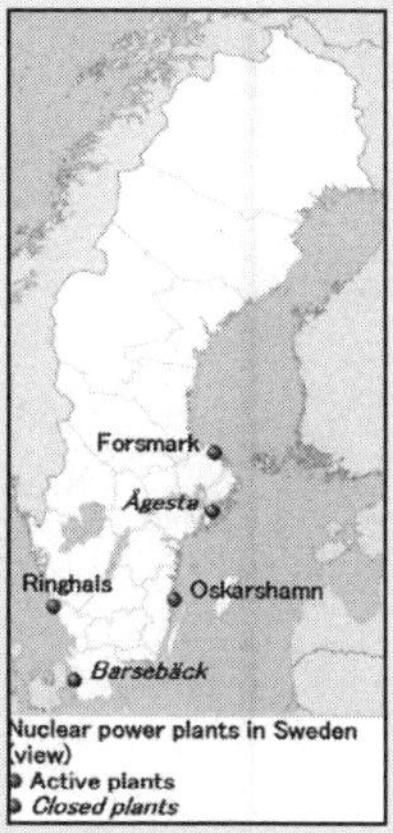

現在、操業中の原子力発電所

（地名、電力会社、基数の順）

・Oskarshamn　OKG　３基
・Ringhals　Vattenfall　４基
・Forsmark　Vattenfall　３基
合計　10基

図14　スウェーデンの原子力発電所
Source:Wikipedia / WNA

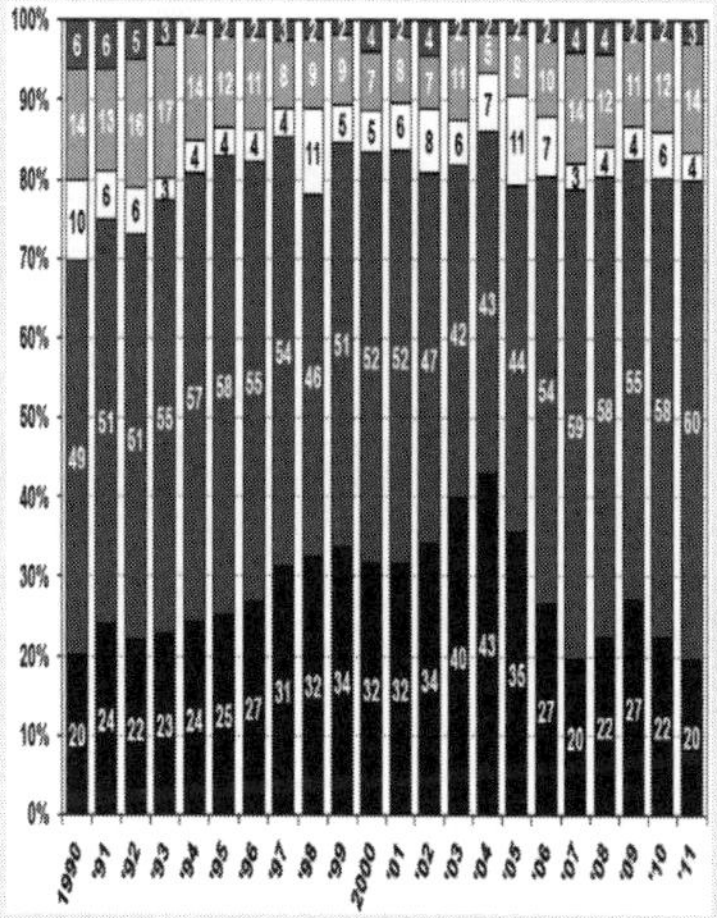

・3%：絶対反対
・14%：まあ反対
・4%：躊躇
・60%：まあ賛成
・20%：大賛成

図15　Forsmark原発に対する住民意識（1990年～2011年）
Source:Vattenfall

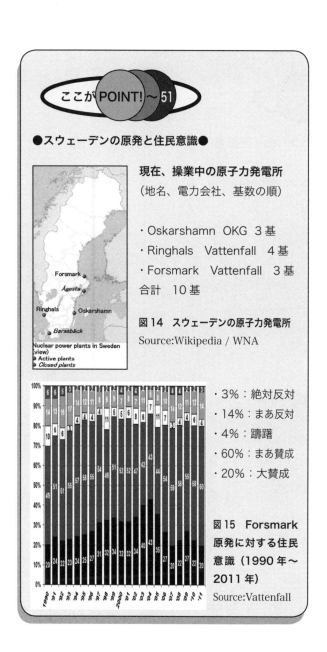

反対の小さな動きは今もありますが、大きな動きとしては動いていない。確固として動いていないというところで、スウェーデンの民主主義、国会で決めたことはそれを守るという民主主義、それが原発問題でも機能しています。ですから、原発に対しては、今でもスウェーデンではイエスです。

ここがPOINT!〜52

●スウェーデン核燃料管理会社＝ SKB ●

SKB（Svensk Kärnbränslehantering AB）

・原発所有の電力会社が出資
・事業
　―研究開発・技術開発
　―建設場所の決定
　―処分場の建設
　―処分場の操業
　―情報公開

SKB の基本方針

なすべき仕事：
・核廃棄物の処理（すでに 5500 トンの使用済み核燃料を抱える）

負うべき責任（法的義務）：
・核廃棄物をつくり出した今の人々がその処理をすべきで、次の世代に負わせるべきではない。

解決方法：
・核燃料廃棄物は完全隔離する。
・最終処分場の認可が出るまで、たびたび国の安全審査機関の調査を繰り返す。

それでいて、核燃料を扱うためには、先ほど述べた「製造者責任」というものがあるので、ＳＫＢ（スウェーデン核燃料・廃棄物管理会社）という会社が全責任を負って、核燃料の廃棄物を埋めるための穴を掘っています。もちろん、今から穴を掘るのでは間に合いませんから、１８９３年から穴を掘り続けていて、今環境裁判所の建築認可待ちです。認可待ち受けまでに、あと２、３年は

ここがPOINT!〜53

●フォースマルク高レベル核廃棄物最終処分場●

建設：1983〜2019　　操業：2019〜2085

写真39　高レベル核廃棄物最終処分場の計画図（右）。
現在、建築認可待ち受け中　Source:Vattenfall

SKBの担当者の言葉

「私たちにも分からないことだらけです。だから、正直であることが基本です」

「決定するのは、政治家ではありません。SKBではありません。国民です」

参考

・ODA（政府開発援助）の担当者の言葉：

「被支援国の為政者は、国民が賢明になることを望んでいません」

・スウェーデンの姿勢：

「情報公開・表現の自由・出版の自由を通じて国民が判断します」

かかると言われていますが、行程としては２０１９年から創業を始める予定になっています。日本では、私たちがまだどっちつかずでいる**高レベルの核廃棄物を、スウェーデンでは１００年以上前から、地中に深く埋めるための穴の準備をきっちりやっています。**

責任の主体と情報公開あっての核廃棄物処理

これは象徴的なことですが、原子力を扱っているスウェーデン人の担当者の言葉です。「私たちにも分からないことだらけです。原発についても、廃棄物処理の仕方についても、分からないながらも、しょうがない（からやっているに過ぎません）。私たちはここまでしか分かりませんと正直に言うしかないのです」。ほとんどの人が、またこれが国民の共通の認識になっていると思いますが、**わからないことは、わからないと言うのが、まさに「情報公開」の基本**です。

つい2、3日前（２０１４年11月）、東京電力福島第一原発の所長だった吉田昌郎さんが調書を取られたときの「吉田調書」が曝露されました。そういうのを見ると、新聞のスクープもいいですが、「私たちにも分からないことだらけです。だから、正直であることが基本です」というスウェーデン人の担当者の認識を、日本人全体が持てれば、また原発のあり方なども違ってくるのではないかなと思います。

原発のようなエネルギー問題でも、「**決定をするのは、政治家ではありません。ＳＫＢでもあ**

りません。国民です」という先の原子力を扱う担当者の言葉にも、国民全体がその認識を持っているということに、再度言いますが、スウェーデンの民主主義の成熟の1つのかたちを見ることができます。

原発の事故対策は人権第一の世界協定にもとづく

それからまた、日本では安全管理上、とかく問題の多い原発でも、スウェーデンでは、それぞれの事故対策を持っています。

ここで触れた方がいいのかどうか迷うところですが、それはスウェーデンというのは、「**基本**」**が外交でも産業でも原発でも、すべてに通じる**ことです。皆さんは、原子力発電所の会社が事故対策の基本をどこに置いているか分かりますか。「国連」です。

もし東京電力に、福島第一原発の事故対策に内部委員会があって、対策の基盤を国連に置いているとしたら、そういうことは考えられますか。考えられないですね。でも、スウェーデンでは、こういうことはすべて国連に基本を置いています。

子どもの保護、母親保護、人権保護、みんな国連の憲章に依っています。**国連で決めたことは、ある意味、非常に理想を決めています。それをスウェーデンはそのまま国に持ってきて、国の法律にして、地方に下ろすなり、活用しています。**ですから、スウェーデンは原発を持っているバッテンフォール社という電力会社ですが、ここの事故対策は国連に基本を置いています。

では具体的に何をやっているかと言うと、国連の世界協定に「**グローバル・コンパクト**」（企業行動原則＝Code of Conduct for Suppliersを定めている）というのがあるのですが、これを遵守しています。国連で決めたのは、人権の尊重、労働組合の結成の自由、集団（団体）交渉の自由、強制労働の禁止、あらゆる差別の禁止、賃金・労働時間・休暇などすべての労働条件は、法律に従うこと、等々を定めた10の原則です。

これをスウェーデンでは国の法律にして、原発の事故対策でも国連が定めたこのグローバル・コンパクトにもとづいています。スウェーデンには2つの原発会社がありますが、バッテンフォール社ともう1つの原発会社でやっている事故処理は、上記の国連の協定にもとづき従業員*が行い、それ以外の事故処理は法律を遵守して禁止します。

それともう1つは、原子力発電は、日本では例えば東京電力は、何も自分たちで原子炉をつくっているわけではありません。そこには三菱重工なり、東芝なり、日立なりの製作会社が原子炉をつくったり、大手のゼネコンが建屋をつくったりしています。東京電力は、これらメーカーやゼネコンの一種の得意先になるわけです。スウェーデンでもそうです。日本はアメリカからの輸入技術で原子炉をつくっていますが、スウェーデンでは自前の技術で原子炉をつくるメーカーとして、ＡＢＢなり、いろいろなメーカーがあります。電力会社はそれらメーカーと契約を結ぶときに、メーカー側が先のような世界協定に定めた条項を守らなければ、しかもそれに反しているようなことをしたら、すぐに契約を取り消されます。そこまでして世界協定を守らせます。これは原発会社の1つの危機管理だと思います。スウェーデンでは、そういうかたちを取っています。

*ちなみにスウェーデンの電力の30％を賄うバッテンフォール社の場合、従業員は3万6000人いて、そのうちの24％、15人いる取締役のうちの29％が女性、15人の取締役のうち6人は労働組合代表である。（編集部註）

ここがPOINT!〜54

●原子力発電会社の事故対策●

・原子力発電会社は、出来上がったプラントを運転して、安全に電力を供給することが仕事であり、発電装置はメーカーに、プラント建屋は建設会社などのサプライヤーに発注しなければならない。

・そこで、安全、危機管理にはサプライヤーの品質が要になる。「企業行動原則」がその基準になり、次の要求を満たさなければならない。

＋国連グローバル・コンパクトを守ること。

＋人権の尊重、すなわち労働組合結成の自由、団体交渉の自由、強制労働の禁止、あらゆる差別の禁止、賃金・労働時間・休暇などすべての労働条件は法律に従うこと。

＋環境保護、すなわち環境法典などすべての環境保護に関する法律、規制を遵守しなければならず、つねに環境破壊のリスクを考慮して活動しなければならない。

＋清潔な経営、すなわち汚職、横領、恐喝などがあってはならない。

写真40　バッテンフォール社の原子力発電所
Source:Vattenfall

ですから、それが例えば原発を持つ電力会社1つを取り上げてみても、私たちの国のやり方とは非常に違うなということがわかります。日本はこれからどういうシステムを取るか、これは皆さんの判断ですが、1つの参照事例として、スウェーデンの国連による世界協定の活用例を挙げましたが、私はスウェーデンのこのようなやり方に、ある意味での素晴らしさを見ています。

ここがPOINT!～55

●エネルギーと原子力政策の特徴●

・スウェーデンはそのエネルギー政策の基盤を持続可能社会の構築に置く。
・そのため、現在、社会が抱える問題を次世代に負の遺産として残さない努力を続ける。これがスウェーデンの自律である。
・そこには気候変動への対策として、あらゆる方法を実施する努力が見られる。
・実施のためには税制を利用することが現実的であり、効果が高い。
・それに従うことがスウェーデン市民の自立である。
・原子力にしろ、その廃棄物処理にしろ、スウェーデン市民は自己の判断で、政府が行う施策に支持を表明している。
・そのためには、「知る権利」と「情報公開」があることが前提となっていることを我々は認識しておかなければならない。

写真41　大人たちよ私たちに問題を残さないでください
子どもたちのルシア祭
Source:Lena Granefelt /imagebank.sweeden.se.

第8講

教育・大学・研究開発・イノベーション・ICT

■スウェーデンの「教育」は生まれたときから死ぬまで

エネルギーは産業の基本ですが、その産業の基本を支えるのは人材です。人材というのは教育です。これも、詳しくは教育の項目で紹介していますので、ポイントだけを述べて終わりにしたいと思います。

スウェーデンでは、まず日本と違うところは、「教育制度」と言ったとき、教育と言えば、私たちの中では学校しか浮かびません。大学を卒業すれば教育は終わり、といった具合に、皆さんの多くは考えるのではないでしょうか。

スウェーデンでは、生まれたときから死ぬまでが教育です。生まれたときから死ぬまでの教育を、言葉ではなくて、税金を使ってしっかりとした建物と先生、教える場と学ぶ場をきっちりとつくる。先生と生徒が、教えて学べる場所がなければ、または先生に給料を支払っていける生徒、それを生活の糧にしている先生がいなければ、システムとしては成り立ちません。

ですから、スウェーデンで言うところの教育とは「生涯教育」です。**生涯教育が社会の中のシステムとしてきっちり出来上がっているところに、スウェーデンの教育制度の特徴があります。**

ですから、教育が行われるのは学校だけではありません。そして、生まれて初めての教育というのは「就学前教育」です。学校に上がる6歳以前からこの教育が始まっていて、それが一生続く

ここがPOINT!～56

●スウェーデンの教育制度●

・スウェーデンでの教育とは、生まれてから死ぬまでの生涯教育のことを意味する。

・スタートは就学前教育で、スウェーデン人はここで自律と自立、個人と社会の関係を体得する。

教育とは生涯にわたる学習である

・スウェーデン人口の半分が毎年何らかの学習の機会に参加する。

・スウェーデンは教育に長い歴史を持つ。

・最初の大学は 1477 年に設立された。

・最初の公立小学校の設立は 1842 年である。

・教育は生涯教育であり、正規教育、職業教育、教養教育である。

・スウェーデン国民は、だれでも教育を受ける権利を有する。例えば、児童は就学前教育で、また労働者は休暇を取って学ぶ権利を持つ。

・国は国としての教育目標を立てるが、その実施方法は教育現場の裁量に委ねる。

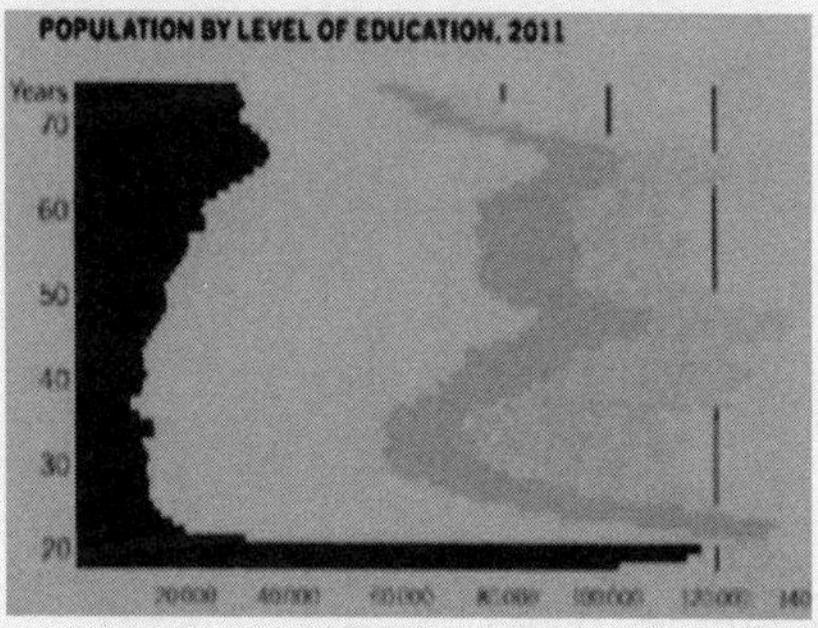

図 16　教育レベル別の人口 (2011)

図の左から、中学校、高校、大学 3 年以下、 大学 3 年以上

Source:Education and Research in Sweden

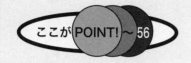

のです。

■行政には、生涯教育を補助する義務がある

私もスウェーデン大使館で30年働いていましたが、ほとんど毎晩のように、30年間夜学に通っていました。私の場合は東京で趣味と実益を兼ねて夜学に通っていたわけですが、スウェーデンでは「夜学に通っている」と言えば、生涯教育を受講することを指します。受講する者が行政に「学費を出して」と言えば、彼らはそれを補助する義務があります。そういう点で、生涯教育には、行政が必ずそれを補助する義務があります。スウェーデンでは、税金がそういうところに使われているということです。それがなければ、「勉強しろ」「勉強しろ」と言っても、成人はなかなか勉強できません。生涯教育は、生涯にわたる学習ですが、ここがポイントになります。

もう1つの特徴は、スウェーデンの学校システムは、幼稚園から小学校、中学校、大学という一番メインの既定路線だけではなくて、図17のような複線になっていることです。自分たちはあっちの学校ではなく、こっちの学校でこういう職業教育にしたい、またはこの段階で、**ちょっとほかのことを勉強してみたい、ちょっと外国に行って勉強してみたいという行き来ができる「複線教育」になっている**ということが、スウェーデンの教育のもう1つの特徴かなと思います。

これは労働者教育、職業教育にも関連してきます。そういうチャンスがあるということを覚え

ここがPOINT!～57

●スウェーデンの教育制度＝行き来ができる「複線教育」●

右図の説明

＊左の柱：正規の学校

・1歳－5歳：就学前スクール

・6歳：就学前クラス

・6歳－15歳：義務教育

・16歳－18歳：高等学校

・高等教育：大学3年、修士1－2年、博士：2－4年

＊真ん中の柱：学習期間

＊右の柱：特別学校

・聾唖学校：10年間

・障害者学校：中学、高校

・国民高等学校：教養、文化、技能

・成人教育学校：補習教育

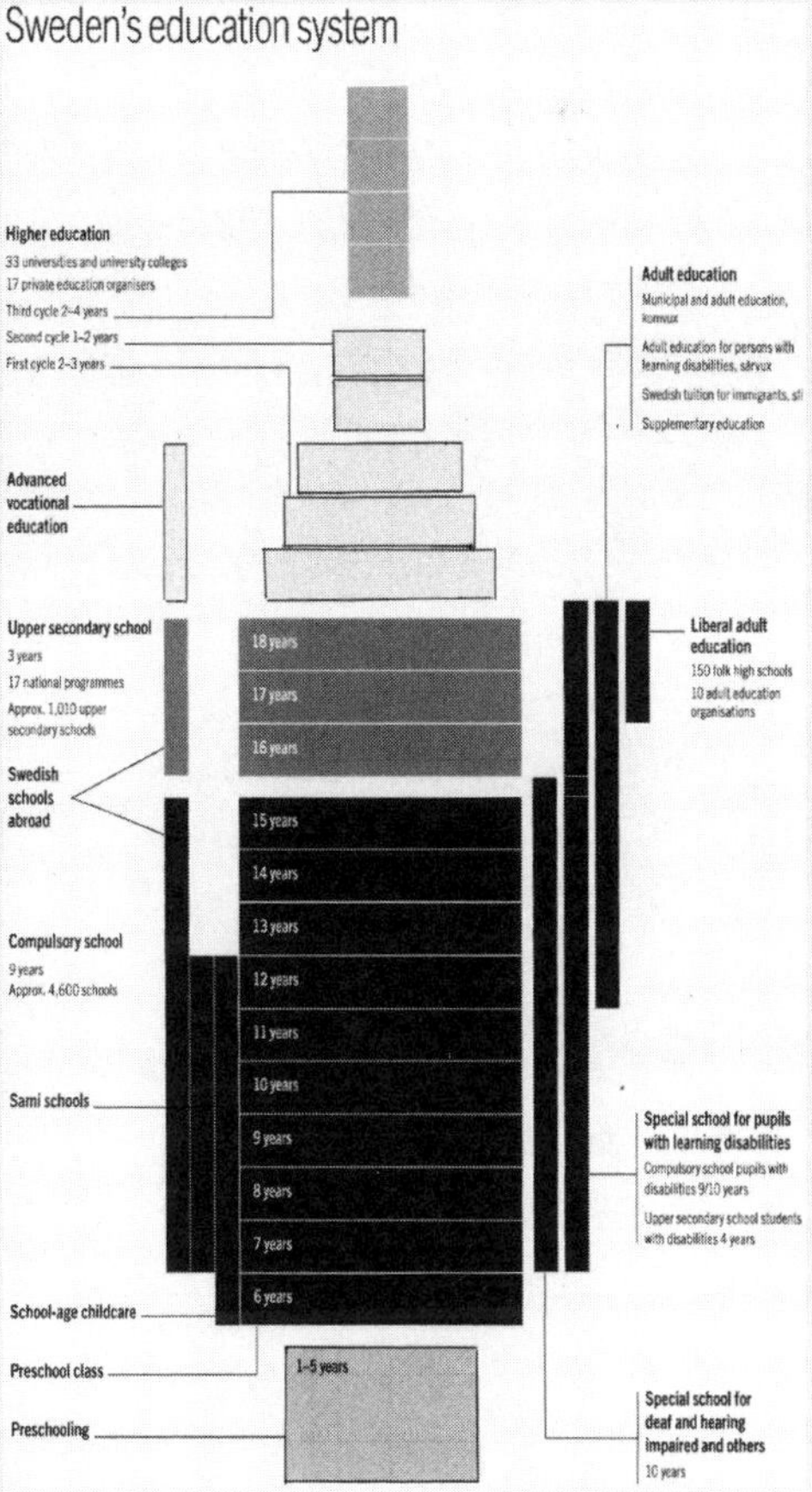

図17　スウェーデンの教育制度

Source:Education and Research in Sweden

ておいてください。あとはそんなに変わりません。

もう1つ特徴的なのは、就学前教育です。何度も述べますが、彼らスウェーデン社会のシステムが、こういう子どもたちに対してもしっかりいきわたっています。男女平等もそうですし、社会的な意義を学ぶのもそうです。政治的な意識を学ぶのもそうです。これは、何も政治の難しい話を教えるわけではないです。遊びを通じながら、遊技を通じながら、ダンスを通じながら、移民の子どもたちとコミュニケーションをしながら、そういう中で彼らは、日常的に雨の日も、風の日も1日に1回は外を、先生に連れられてトコトコ歩くというカリキュラムが出来ています。

ここがPOINT!～58

●就学前教育～理念と目標●

・根本的な学習理念

①民主主義の徹底

②児童の生涯にわたる学習願望の実現

③個人の尊厳と自由および人権の尊重

④児童生来の価値の尊重

⑤男女平等、個性、欠点、弱さの認識

⑥社会構築への協力と団結

・スウェーデン社会の基礎を成す

写真 42　女の子には青いコップ

Source:Skolverket

そういうルーティンの中で行われるのが、**就学前教育です。これはほんとに大事なスウェーデンの基礎を成している**なと思います。

■義務教育は無料、大学の修士課程まで無料、博士課程には生活費支給

義務教育は、全部ただです。まったくお金がかかりません。教科書から給食から、一銭もかかりません。大学の修士課程まで無料です。博士課程に入ると、今度は無料どころか、逆に国から40万円から50万円支給されます。ですから、ひょっとしたら労働者よりは、博士課程の学生の方がいい給料というか、多くの生活費がもらえます。

しかも、大学の修士課程までの間は奨学金が出ます。奨学金は、学費がただですから、奨学金そのものは生活費です。ですから、大学生１人がアパートで十分暮らしていけます。

何回も言いますが、これは全部税金から支出されています。**スウェーデンの教育投資は、日本の倍額です。**彼らは、ＧＤＰ当たり６％か７％の教育投資を大学院まで使っています。日本の教育投資は３％強、スウェーデンの教育投資の約半分です。**教育に対してどこまで金をかけるか。これは、国づくりを考えたときに、考えなければいけない**ことではないでしょうか。

スウェーデンには今、52の大学がありますが、大学は社会に対して非常に大きな役割を持っています。その１つは、学生組合の役割です。スウェーデンでは、学生組合と労働組合が大きな力

ここがPOINT!～59

●スウェーデンの義務教育●

・スウェーデンの義務教育は市が管轄し、7 歳から 16 歳までの 9 年間で、小・中一貫教育である。
・科目はスウェーデン語、英語、数学、社会、科学、選択言語、工作、美術、家庭、消費、音楽、健康、体育。
・教育のガイドラインは、国の学習要領で規定。
・公立ではない独立学校（私立学校）も多いが、国のガイドラインに従わねばならず、授業料も無料である。
・特に補習が必要な低学年生を早く見つけるために、数学の全国テストが始まった。
・数学の能力強化のために、数学促進補助金を設けた。
・全国テストは 2013 年から開始し、科学（生物、物理、化学）について 9 歳児、社会（地理、歴史、宗教、市民）については 6 歳児と 9 歳児に実施する。
・高校のコースを学習出来る英才教育を 2012 年に開始した。

写真 43　放課後の小学校教室
Photo:JISS

を持っています。例えば、**学生組合の場合、大学の運営に対して、国立大学であっても私立大学であっても、学生の代表を運営の中に入れなければいけないようになっています。**ですから、一種の民主化の別の側面でしょうか、学生の意見がそこで反映されるという社会のしくみがあります。

ここがPOINT!～60

●スウェーデンの大学の特徴●

・スウェーデンの教育の投資額はきわめて高く GDP の 6%である（日本の倍）。

・スウェーデンの研究投資額は GDP の 3.6%でイスラエルに次いで世界第 2 位である（日本は 3.4%で世界 4 位）。

・スウェーデンの大学の歴史は古く、ウプサラ大学の創立は 1477 年、ルンド大学 1666 年、ストックホルム大学は 1878 年。

・スウェーデンの大学は、きわめて自由な雰囲気で教授と学生の討論は当たり前である。

・スウェーデンの総合大学は、規模が大きく 3 万人以上の学生を有する大学も数校ある。

・スウェーデンの大学は、産業界との協力が緊密である。

・近年、英語で行う授業が増えている。

・15%以上は留学生である。

・スウェーデンの大学の学生組合は、大学運営に参加する権利を有する。

＋この権利は、スウェーデン高等教育法により保障されている。

＋学生組合は 2 ～ 3 人の組合代表を選び、大学の運営委員会に参加できる。

＋運営委員会は大学全般事項、授業に関わることなど、大学の意志決定機関である。

写真 44　学生組合の代表

Source:Ulf Lundin/imagebank.sweden.se

■正規ルート外に複線教育が選べ、卒業後は各種の成人教育が充実

それから、スウェーデンと言えば、特徴的なのが、先ほども述べた複線教育です。**正規の小・中・高・大学のルートが嫌だったら、自分の好きな科目が選べます。**この複線教育が非常に整っています。

1つが、Folkuniversitetetという**国民大学**。それから、Folk High Schoolという**国民高等学校**のシステム。これには、通常の学校とは違った、いろいろなカリキュラムが用意されており、中には授業料が無料というものもありますし、授業料が有料というところもあります。これは非常にバラエティに富んでいます。

今のところ国民高等学校は１４０校ですが、いろいろな教育改革がなされています。とりわけ、スウェーデンにも移民が増えてきたために、移民に対して、もっともっと教育の機会を増やさなければいけなくなってきました。そのため１４０校をいきなり１０００校に増やそうとしています。今、ちょうどその議論がなされていますが、おそらく１０００校に増やすでしょう。それに対する予算も当然必要になります。

それからもう1つ、スウェーデンの教育というのは、一番初めに述べたように、生涯教育です。生涯というのは、学校を終えてからという意味です。スウェーデンの大学卒は、28歳で卒業した

ここがPOINT!～61

●国民大学：Folkuniversitetet ●

・複線教育の１つ国民大学

＋次の５つの大学に付属した外部組織で特別の財団が運営する。ストックホルム大学、ウメオ大学、ウプサラ大学、ルンド大学、ヨーテボリ大学。各大学を中心にして各地に 40 の教室を運営する。

＋成人教育／職業教育を目指して、スウェーデン語、英語などの語学、芸術、美術などの文化科目。また、大学で教える授業の延長として、法学、経済学、科学技術、情報科学など多彩なコースがある。

+1917 年に夜間大学として創立、現在年間 14 万人の成人を受け入れ、400 人常勤講師、6000 人の非常勤講師を数える。

＋授業は６ヵ月から２年にわたるフルプログラムコースや数週間から数ヵ月単位のプログラムまで多彩である。

＋公立なので政府からの援助はあるが、基本財源は授業料である。年間収入１億 2000 万ユーロ。

＋授業料はコースと期間によりまちまちであるが、日本で何かを学ぶ場合と同じ程度と考えられる。

＋職業訓練生の授業料は無料である。職業訓練の実技科目はないが、その理論を学ぶコースが対象になる。

＋スウェーデン全国に独立高校を運営し、かつ４つの国民高等高校を運営する。

写真 45　ストックホルムの国民大学本部

Source:www.folkuiversitetet.se

ここがPOINT!～62

●国民高等学校：Folk high school●

・国のカリキュラムとは関係なく、独立して運営される学校でスウェーデン全体で150校ある。40校は県の運営で、1校は市が運営する。残りは独立の財団が運営する。

・原則的に18歳以上が入学資格だが、16歳から入学する例外もある。

・総合コースは中学、高校に行けなかった生徒に、大学進学できるに十分な知識と資格を与えることが目的である。スウェーデン語、英語、数学と社会科目が必須である。

・特別コースは音楽、芸術、演劇、工芸などを学ぶコースであり、別に資格を与えるものではない。

・職業訓練コースは、ジャーナリストや福祉補助員、レクリエーションリーダーなどを育てるコースである。

・授業はすべてスウェーデン語で行われる。だから初歩的なスウェーデン語の能力は必須である。しかし、近年外国人、移民の増加に伴い英語で行うクラスも増えている。場所と科目によっては、日本語で授業を行うところも現れてきた（レクサンド市）。

・授業料は無料だが、ランチ、教材費、実習費などの実費は個人負担になる。

・ほとんどの国民高等学校は宿泊施設・寮があり、学習期間中は宿泊することができる。しかし、有料で約4500クローナ／月かかる。

写真46　レクサンド国民高等学校

Source:www.leksand.fhs.se

り、30歳で卒業したりしてあまり年齢には関係なくて、別に22歳や23歳で終わりではありません。

卒業後の受け皿として成人教育がありますが、成人教育もいろいろなかたちがあります。成人教育の主なものを次の見開きページに６つくらい挙げています。一番有名なKomvuxというのがありますが、ここはこういう成人教育の施設です。私もここで一時教えたことがありますが、それぞれがさまざまです。市立成人学校別、移民対象のスウェーデン語学校別、高等職業訓練校別、リベラル成人教育学校別など６本柱から成っています。学習サークルも、あらゆる町に学習サークルがあって、スウェーデンには28万学習サークルがあります。

日本とスウェーデンを比べて、一番分かりやすくするには、日本の人口はスウェーデンの人口の約10倍だから、10倍すればいいのです。28万学習サークルがあるということは、日本にあてはめると日本国中に約２８０万の学習サークルがあることになります。しかも、これは全部税金で賄います。そういう学習サークルに所属している芸術なり、音楽なり、ダンスなり、合唱なりの活動に全部補助金が出ます。こういう学習サークルが盛んだということです。

それからもう１つ、学習協会＝Study Associationというのがあります。これは次ページに11例挙げていますが、このへんは各論に任せましょう。

リベラル成人教育：学習サークル

・リベラル成人教育はスウェーデン社会の一つの象徴であり、" 自由に自分の意志で " をモットーにしている。

・150 の国民高等学校（Folk High School）と 11 の学習協会が管轄する学習サークルがリベラル成人教育の中心で、政府の補助金を財政基盤とする。

・政府は補助金支給のガイドラインを制定する。

・そのガイドラインの柱は、民主主義の強化と市民の社会参加である。

・スウェーデン全体で 28 万の学習サークルがあり、年間 180 万人のスウェーデン人が参加している。

・学習サークルでは、芸術、音楽、メディアが最も人気が高い。

写真 47　演劇を学ぶ学生
Source:www.folkhogskolan.se

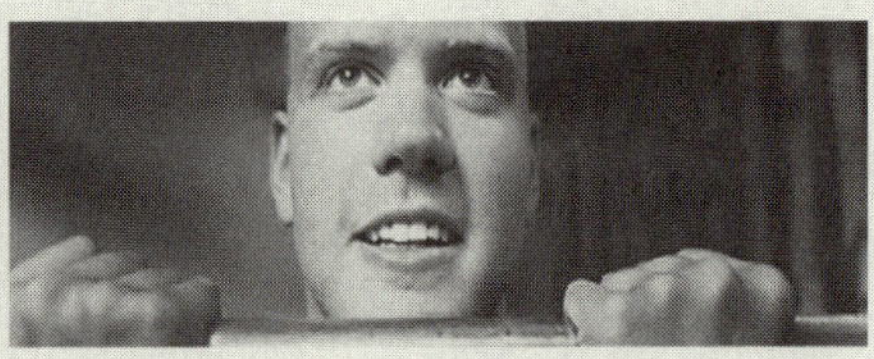

写真 48　スポーツコースでインストラクターになれる　Source:www.folkhogskolan.se

学習協会：Study Associations

・生涯学習を担う機関として、次の 11 の学習協会が学習サークルを主導する。

①労働者教育連盟（ABF）　②ビルダ学習協会（Bilda）
③国民大学（Folkuniversitetet）　④イビンラッシュ学習協会（Ibn Rushd）
⑤メドボルガー学校（Medborgarskolan）　⑥禁酒活動教育協会（NBV）
⑦センサス（Sensus）　⑧学習促進連盟（Studieframjandet）
⑨成人学校（SV）　⑩文化教育事業（Kulturens Bildningsverksamhet）
⑪スウェーデンスポーツ連盟成人教育協会

ここがPOINT!～63

●スウェーデンの成人教育●

・スウェーデンは 1960 年代から成人教育に関しては世界のトップにランクされている。

・成人教育の目的は、個人の能力を伸ばし、学習意欲を満たすために、個人個人の事情に会わせた柔軟性のある学習機会を用意することである。

・スウェーデンの学校としての成人教育は、次の 6 本柱から成る。

①市運営の成人学校（komvux）
②成人障害者学校（sarvux）
③移民対策のスウェーデン語学校（sfi）
④高等職業訓練校
⑤リベラル成人教育学校（国民高等学校など）
⑥補助教育学校

リベラル成人教育の拡充

スウェーデン政府は次の目的でリベラル成人教育に重きを置く。

+ 民主主義の発展
+ 社会の発展に個人が参加
+ 社会全体の教育レベルの向上
+ 排他主義の解消
+ 個人の生活向上
+ 社会の教育格差の解消
+ 文化への関心の高揚

・若年失業者の知識と労働力向上のために国民高等学校を現在の 150 校から 1000 校（2014 年）に増やして、普通高校レベルの学力を獲得させる。

・さらに、25 歳以上を対象に国民高等学校への入学を促す。

・リベラル成人教育の充実のために、36 億 4200 クローナ（約 500 億円）を 2014 年に用意する。

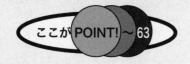

大学は、企業の「研究室」的役割をも担う

大学が持つもう１つの役割としては、研究開発があります。日本は研究開発費が、スウェーデンのそれに比べて遜色ない投資額です。次ページはＯＥＣＤのグラフ（２０１０年）ですが、スウェーデンはＧＤＰ（国内総生産）の３・５％を投資しています。日本もそれに次いで３・２〜３・３％ですから、同じレベルです。ただ、研究開発の特徴という点になると違ってきます。

と言うのは、スウェーデンでは、大学と会社が一緒になっています。これが企業で、これが大学と分けません。むしろ、大学というのは企業の研究室の役割を担っています。スウェーデンの研究開発、研究指針というのがありますが、大学は税金で賄われるので、研究開発は社会の役に立つものでなければ駄目、という考えに依っています。

ですから、極端な話ですが、特許１つとっても日本とは違います。例えば、大学の研究者が何か発明して、発見して特許を取ります。特許は大学のものではなくて個人のものです。日本の場合は、そこのところがまだ分かりません。個人と言いながら、基本的には、それが国の研究所だとしたら、どうも国に属しているみたいなところがあります。**スウェーデンでは、大学なり国は、特許開発に対してはタッチしません。この特許はあなたのものですよ、とはっきりしています。**ですから、企業の研究開発活動というのは、大学とは非常に密接な関係にあります。

ここがPOINT!〜64

●スウェーデンの研究開発●

・スウェーデンは研究開発にGDPの3.5%を投資する世界４位の研究大国であり、そのうち75%は民間による投資である。

・政府（税金）の投資はGDPの1.09%である。

・スウェーデン政府の研究開発投資先は、

①大学へ　47%　　②研究助成財団へ　27%

③民間へ　17%　　④国防へ　8%

・研究投資の効率化を目指し、助成金申請者業績などをくわしく調査する品質指標を取り入れている。

・ 戦略的研究開発科目は、気候変動、環境技術、難病、宇宙研究分野である。

・研究成果を商業化するために、特に起業化を促進する政策をとる。

・そのためには、各大学を核としたイン

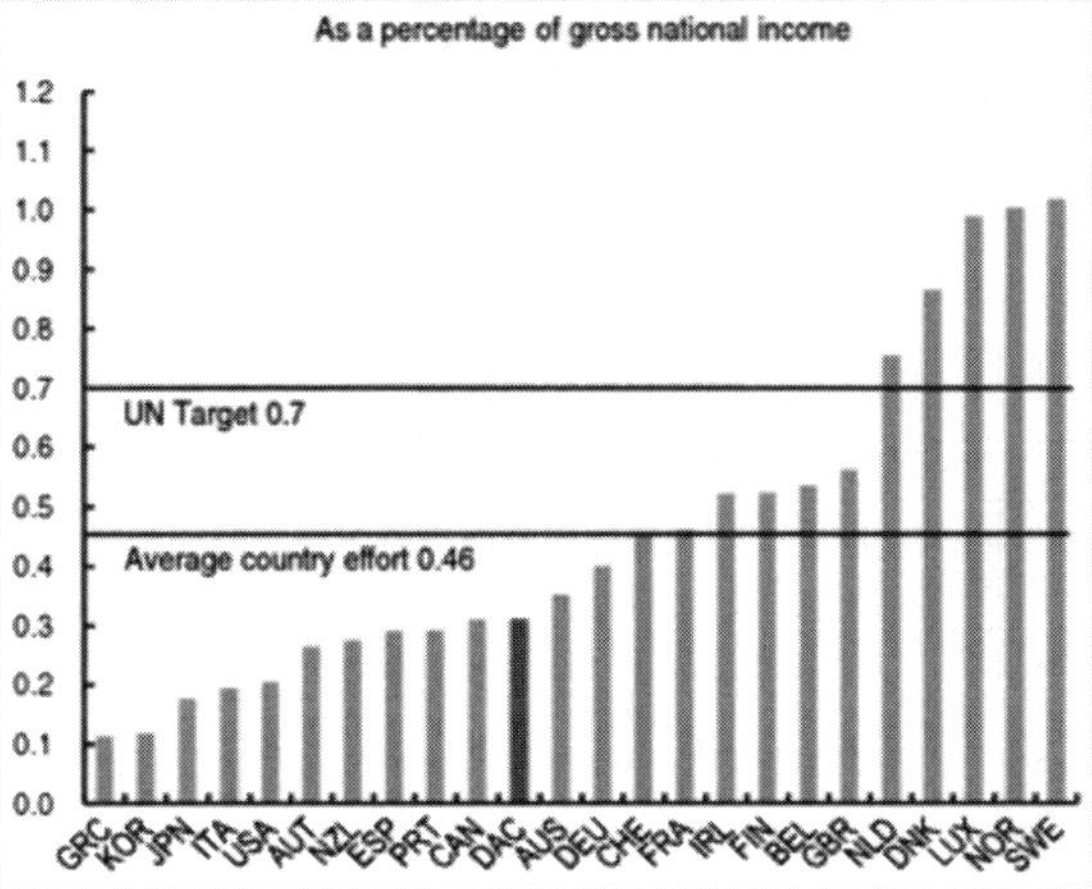

図18　スウェーデンの研究開発投資

Source：OECD Factbook 2013

その一例として、サイエンスパークというのがいろいろなところにあります。日本にも各地にサイエンスパークがありますが、最近ではサイエンスパークの役割をあまり聞きません。スウェーデンでは、企業と大学が一体になったサイエンスパークの役割が非常に大きいです。

ここがPOINT!〜65

●スウェーデンの研究開発の特徴●

・大学が研究開発の中心である。そのために研究者を優遇し、博士課程の研究者に月額3万〜4万クローナ（平均40万円）が支給される。
・研究は社会に役立つものでなければならないとの意識が徹底し、産学協同が当たり前である。
・企業は独自の研究所を持つ代わりに、大学を研究室として使う場合が多い。
・基礎科学の研究に重点を置いている。
・教授と若手研究者は対等で、権威主義は存在しない。
・チャルマース工科大学のように、国立大学から出資者が運営する財団形式に移行する大学が現れてきた。
・大学の研究者、教授が開発した技術に対して大学が特許を持つことは禁じられ、特許はすべて研究者個人に帰属する。
・大学の教授は大学以外に、自分が設立したベンチャー企業の肩書きを持つケースが多い。
・大学自体が別会社を設立して、その研究成果を普及、販売することが通常である。例えばカロリンスカ医科大学は、カロリンスカABというライセンス販売会社を運営している。

写真49　チャルマース工科大学
Photo:JISS

■イノベーション能力は、国際ランキングのトップ

もう1つ、サイエンスパークの成果として、イノベーションというのも大きいです。「イノベーション」という言葉をよく聞きますが、イノベーションは、技術革新とか社会の変革の動力源とかいう意味で使われることが多いですが、スウェーデンはこのイノベーション能力で国際ランキングのトップです。4つの関係機関による、いろいろな調査結果がありますが、1位、2位、1位、1位です（次ページ参照）。新しいものを生み出す環境が整っているのです。

思いつくだけでも、例えばH&Mとか、ボルボとかイケアとか、ボールベアリングのSKF、包装容器のテトラパックとか、真空掃除機、冷蔵庫にしても発明したのはスウェーデンのエレクトロラックスです。心臓のペースメーカーもスウェーデンの発明。タイタニウムを埋めるインプラントも、私たちが車に乗るシートベルトもスウェーデンの発明であり、今使っているスカイプもそうですし、浄水器「ソルバッテン」もそうです。ファスナーもスウェーデンの発明ですし、モンキースパナもそうです。こういうものがぞくぞくと続いています。これをイノベーションと言わずして何と言うのでしょうか。

イノベーション＝何かを生み出す力、インキュベーション＝何かを育てる力というのは、そういう社会環境がないと生まれません。あそこの企業は新しいあんなことを考え出したから、あの

ここがPOINT!〜66

●スウェーデンのイノベーション●

・スウェーデンの全研究開発費投資の75%は民間企業によるものであり、新技術の開発とその企業化への努力はめざましいものがある。

・100年前は貧しい農業国だったスウェーデンが、世界に確たる工業先進国になれたのは新技術を開発し、企業化し、国際市場を開拓するイノベーション精神があったからである。

・国民一人当たりの国際的企業の数では、スウェーデンは世界のトップである。イケア、H&M、エリクソン、ボルボは言うまでもなく、ボールベアリングのSKF、包装容器のテトラパック、真空掃除機や冷蔵庫のエレクトロラックス、人工腎臓のガンブロ、ブロンネマルクのインプラント、エルムクビストの心臓ペースメーカ、カールソンのシートベルトは今や古典であり、最近はスカイプやソルバッテンのIT技術が人間の生活を変えつつある。ちなみに、マッチやファスナー、モンキースパナもスウェーデン人の発明である。

・スウェーデンの研究開発はイノベーションと不可分である。

・その力の源は自由な教育環境にあるとスウェーデン人は言う。

	Sweden rankings*
1 / 131	Innovation Capacity Index 2011 (European Business School)
2 / 141	Global Innovation Index 2012 (INSEAD)
1 / 27	Innovation Union Scoreboard 2011 (EU Commission)
1 / 82	Global Creativity Index 2011 (Martin Prosperity Institute)

*Sweden's position in relation to the number of countries ranked.

図19　イノベーション能力の国際ランキング〜スウェーデンは世界でトップ
Source:Innovation by Swedish Institute

アイディアを活かしてみようと、新興企業の足を引っ張るのではなく、育てていかなければ、イノベーションは生まれてこないと思います。イノベーションは起業家精神をもつ新しい事業や新しい企業を生み出す力です。イノベーションは、アベノミクスの3本の矢の1つにもなっていますが、日本のイノベーションを考えるときに、そういう社会環境が整っているのかどうかを考えるよすがになればと思います。

私は個人的には、大学の役割と個人の考えや個人の創造性をもっともっと尊重するという環境づくりまで踏み込まなければ、本当の意味のイノベーション国家にはならないのではないかと、スウェーデンを見ていて思います。

国策として子どもからお年寄りまでICTを普及し、普及度世界NO.1

それからもう1つ大事なのは、特にこれから大事だと思いますが、ＩＣＴ＝情報通信技術です。この活用度（普及度）でもまたスウェーデンは、国際ランキングトップです。毎年冬にスイスのダボスで開かれる、有名な世界経済フォーラムの調査でも1位です。それからＩＢＭグローバルビジネスサービスでも1位。スウェーデンは、本当にＩＣＴの活用度は常にトップクラスにあります。これもやはりお金をかけて、極端に言うと中学前教育、小学校、中学校から情報技術を教えています。こういうことが国の政策で行われているのです。

ここがPOINT!〜67

●ICT大国スウェーデン●

・人口の91%がインターネット利用

10人に1人が常時インターネットを利用

・人口の99%がブロードバンドにアクセス

85%ブロードバンドにコネクト

・スウェーデンICTの国際ランキング

+1位：Network Readiness index by World Economic Forum

+1位：Digital Economy Ranking 2010 by IBM Global Business Services

+2位：Global Competitiveness Report by World Economic Forum

ICTが強い理由

+エリクソンやテリアなど強力なICT企業

+研究開発投資とイノベーション精神

+新規事業への関心の高さ

+論理化、合理化する伝統的な姿勢

写真50　オープンでクリエイティブな職場

Source:Melker Dahlstrand/imagebank.sweden.se

企業でも通信機器メーカーのエリクソンなどがそうです。エリクソンは世界各国のICTのインフラを抑えていますが、それにはオープンでクリエイティブな職場があり、これを支えているのがほかならぬICTの新規事業です。例えば、これからの医療、薬品は、インドなどでエリクソンが実績を挙げている、ICTモバイル医療サービスによる遠隔医療と投薬が基本になりつつあります。このへんのイノベーション精神に私たち日本人も、もっともっと学ぶべきことがあるのではないかなと思います。

　スウェーデンは世界一のＩＣＴ国家ですが、今、国家プロジェクトを広げていて、「**すべての国民のために**」(A Digital Agenda for Sweden) という、厚いレポートがあります。詳しくは各論を見ていただきたいと思います。ともかく、国策としてすべての国民のためにＩＣＴを普及させようとしています。例えば、お年寄りがコンピュータやスマホを扱えなければ、それらをさ

ここがPOINT!～68

●ICT～すべての国民のために　A Digital Agenda for Sweden●

・スウェーデンは世界一のICT国家
・スウェーデンの国家プロジェクト
・ICTにより、スウェーデンをD(Digital)技術の利用にかけて世界一の国にする国家戦略
・政府、行政、地方自治体、公共団体、教育・研究機関、産業界、市民など国の総力をあげて取り組む
・イノベーションの基盤
・４つの基本方針
　①容易に使えて安全なシステム
　②多様なサービス提供と利用者の利益
　③インフラ構築
　④社会の発展に対する貢献
・e社会、e政府が基盤とすること：人権、平等、環境、国際協調と貧困国援助

写真51　コンピュータは教育に必須
Source:Lena Granefelt/imagebank.sweden.se

まざまなかたちで使えるシステムづくりをする、またそれらを使えるようにお年寄りを援助するクラスを設けるなど、国を挙げて取り組んでいます。そういうことそのものが、イノベーションということで表現されるスウェーデンの国の力と言えるのではないでしょうか。

ここがPOINT!〜69

●教育と研究開発から見たスウェーデンの特徴●

・スウェーデン社会と民主主義を学ぶのは就学前教育である。自分と他人との違い、１人ひとり人間は違うのだということを体得する。

・そこから、自立の精神が生まれる。

・この自立の姿勢は、大学でも研究生活でも会社でも貫かれる。すなわち、年齢や地位に関係なく、自分の意見を述べ、他人の意見を聞きながら、妥協点を見い出していく民主主義社会の原点である。

・研究開発は社会に役立つものでなければならないとするのは、スウェーデン社会における自律であり、そこから緊密な産学協同が生まれてくる。

・特許など研究開発の成果は、大学など組織に属するものではなく、個人に所有権がある。

・国の基盤は産業にあるが、その産業を発展させてきた原動力は個人の発明や創造性である。

・このイノベーション力は、個人の自立を支援する環境がなければ涵養されるものではない。

写真52　スウェーデンの象徴〜アルフレッド・ノーベル

Source:Ola Ericson/imagebank.sweden.se

第9講

産業・近隣諸国

■個人の力による起業が多いことが産業の特徴

第８講で述べたような社会環境の中で育まれたイノベーションの力を使って、研究開発のドライビング・フォース（引っ張る力）になっているのが産業です。**スウェーデンの産業は、国内のマーケットが小さいので、企業は必然的に広い国際マーケットを相手にしなければなりません。**国際マーケットで勝ち抜いていかなければ、スウェーデンの企業はやっていけません。そういう点で、スウェーデンの企業は底力があります。Ｈ＆Ｍも、イケアも、ＳＫＦ（ベアリングをはじめとする総合機械メーカー）も、エリクソンも、テトラパックもそうです。スウェーデンを代表する企業はみんな、世界何十ヵ所に工場があったり、シェアを持ったりして、グローバルに活動しています。

そういうスウェーデンの産業の特徴としては、個人の創造、発明、発見が元になっていることが非常に多いです。

ちなみに、今、スウェーデンの産業大臣は、アンナ＝カーリン・ハットという若い28歳（肩書は２０１１年当時：編集部註）の女性です。28歳の女性がスウェーデンの産業大臣になっているというところが、面白いなと思います。こんなお嬢さんです。（写真53）

スウェーデンの産業構造は、日本とよく似ています。ですからこのへんは省略します。

■スウェーデンの輸出・輸入額の6割が近隣諸国との貿易

先ほど、スウェーデンは広い国際マーケットを相手に勝ち抜いてきたと述べましたが、貿易の年次総額を見たとき、貿易の一番の相手国になっているのは近隣諸国です。輸出相手国で多いの

ここがPOINT!～70

●スウェーデンの産業と貿易●

スウェーデンの産業の特徴

①個人の創造、発明・発見が元になることが多い。

②イノベーションが原動力となる。

③大学発の企業が多い。

④常に国際市場を目指す。

⑤国際的なマーケットシェアを持つ企業が多い。

⑥伝統的には鉄鋼企業、エンジニアリング企業、紙・パルプ企業が強いが、最近では医療産業、情報産業、ソフト関係、デザイン企業の発展がめざましい。

⑦国としては、自由競争、規制緩和、投資誘致に合わせて、イノベーションを最重点課題に置いている。

写真53　産業省IT担当大臣～アンナ＝カーリン・ハット
Source:ICT for Everyone -Digital Agenda in Sweden

ここがPOINT!～71

●スウェーデン産業の概要●

・スウェーデンの全労働者のうち、70%が民間企業で働き、30%が公共部門である。

・従業員から見たスウェーデン企業の規模

零細企業（1～9人）　26%
小企業（10～49人）　21%
中企業（50～249人）18%
大企業（250人以上）34%

・GDPに占めるスウェーデンの製品・サービスの生産高：35億クローナ（2011年）

・それの国民一人当たりGDP:37万クローナ

・GDPの80%は民間企業で、20%が公共部門の生産である。

・民間企業産出高のうち、GDPの65%はサービス業によるもので、製造業は20%にすぎない。建設、電力、熱供給産業は12%で、残りの3%が鉱業、農業・林業、水産業の産出である。

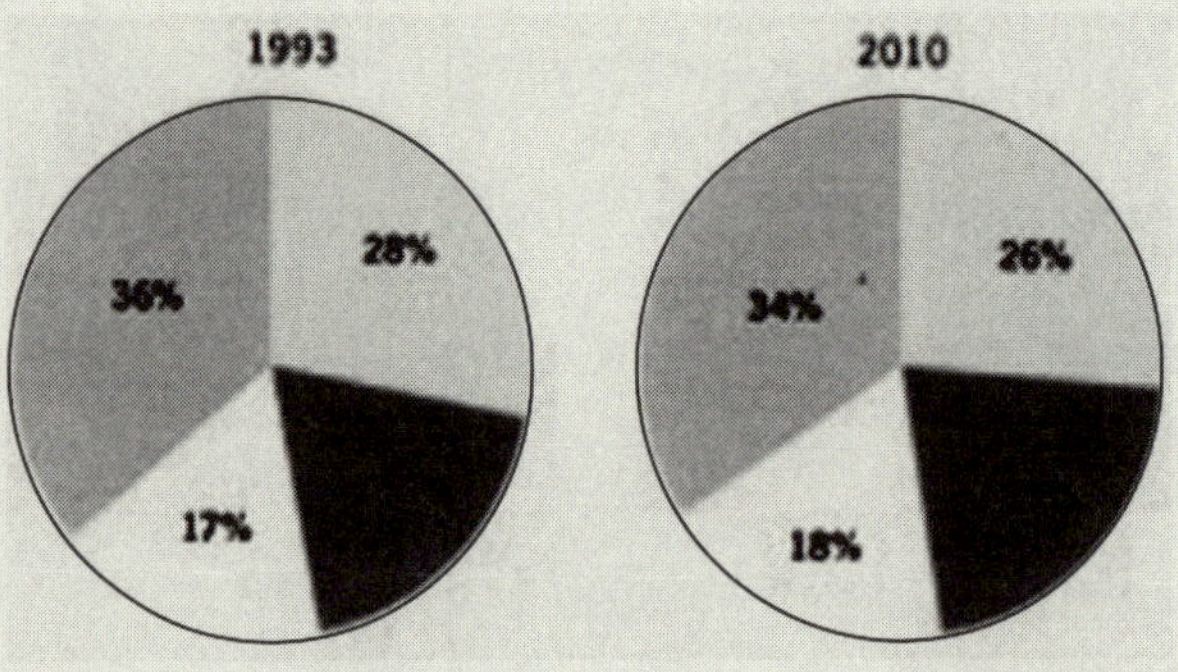

図20　スウェーデン企業の規模の推移
Source: The Swedish Innovation Strategy

はＥＵ諸国、なかでもノルウェーはＥＵに入っていないのですが、このへんを含めた近隣諸国です。スウェーデンの輸出・輸入額の何と６割が、これらの近隣諸国に対するものです。**近隣諸国と貿易をするということが、ある意味では国の力になるのではないか。**私たち日本も、こういうところに１つのヒントを見たいものです。

これまで私たちの日本は、ずっとアメリカという大きなマーケットによって発展してきました。

ここがPOINT!〜72

●スウェーデンの輸出貿易●

・主要輸出相手国（2010 年）

+EU	56.7%
（ドイツ）	9.9%
（英国）	7.4%
（デンマーク）	6.4%
（オランダ）	4.9%
（フランス）	4.9%
+ ノルウェー	10.1%
+ ロシア	1.9%
+ 米国	7.4%
+ 日本	1.3%
合計（その他を含む）	100.0%

写真 54　主要輸出先は近隣諸国
photo : www.government.se
Source: Statistics Sweden

ここがPOINT!〜73

●スウェーデンの輸入貿易●

・主要輸入先国（2010年）

+EU		66.5%
	（ドイツ）	17.7%
	（英国）	5.5%
	（デンマーク）	8.1%
	（フィンランド）	5.2%
	（オランダ）	6.4%
	（フランス）	4.6%
+ノルウェー		9.4%
+ロシア		4.9%
+米国		3.3%
+中国		4.2%
+日本		1.5%
合計（その他を含む）		100.0%

写真55　主要輸入先は近隣諸国

photo : www.government.se

もちろん、それは否定できませんが、隣の韓国なり中国なり台湾なりフィリピンなり、近隣諸国、アジア諸国との貿易を6割、7割に持っていくことを、1つのターゲットにしてもよいのではないでしょうか。そうなれば人の交流もできますし、もっといろんな意味でのメリットも生まれるのではないかと、近隣諸国を一番近いパートナーとしているスウェーデンの貿易のあり方を見ていて思います。

そういう意味で見ると、スウェーデンにとって日本は、貿易の相手国としてはゼロ、ナッシングと言ってもいいかもしれません。ですから日本との貿易は行われていますが、言い過ぎかもしれませんが、基本的にスウェーデンは日本を貿易相手国とは見ていません。とは言え、当然のごとく日本大使館には日瑞の商工関係を促す機関はあるわけですが、そういう意味で、貿易額の多寡はあまり大きなテーマにはなり得ませんので省略しましょう。

第10講

外交・国連・世界平和

中立国で、国連中心の多面的友好外交が基本

国防に関しては、スウェーデンの外交にとっては、ある意味では大事なことですが、スウェーデンの目指すところは、以下の理由によって明確です。もちろん、スウェーデンには国防軍があります。10年ぐらい前までは国民皆兵制で、国民は43歳までは19ヵ月、必ず軍隊に属さなければいけないという法律がありました。それが、ソ連の崩壊に伴って仮想敵国が一時的になくなり、徴兵制をやめて、今はボランティア制になっています。ただし、自分の国の軍備は持っています。ちなみに、国防大臣は女性（写真57）（肩書は２０１２年当時：編集部註）です。

それと、今ちょうど、日本では集団的自衛権の問題が起こっていますので、スウェーデンが目指す国防の考え方、取り組み方を紹介しておきます。

スウェーデンは、**１つの国が民主主義を実現し、それを永続させることは世界平和の基礎であると**、考えています。今のラインフェルト首相（在任期間―２００６年10月〜２０１４年10月：編集部註）が２０１３年９月の国会の所信声明で言っていますが、「スウェーデンは常に国連の平和維持活動に参画すること」を明言しています。スウェーデンは国連中心ですから、先ほど述べた原発の事故対策も国連中心です。子どもの憲章、子どもを守ることも国連中心です。企業の社会的責任も国連中心です。

そういう中で、スウェーデンが海外に軍隊を派遣する意味と最終的な目的が何かと言えば、「その国が民主主義に基づいた真の独立国家になるため」です。それが世界平和の基礎になると考えるからです。

ですから、派遣先のイラクでもそうですし、アフリカ大陸の東部にあるソマリアでもそうです。ソマリアでは、スウェーデンの海軍がパトロールしています。それから、つい4ヵ月くらい前に、

ここがPOINT!〜74

●スウェーデンの防衛と国際支援●

1.　スウェーデン国防軍の役割

①スウェーデンの国を守ること

②国民の危機管理と危機の予防をすること

③民主主義、法律のルールおよび人権と自由を守ること

④国の政治的独立を確保すること

2.　理念

近隣諸国および国際平和の確立が、スウェーデン本国の安全を保障することになる

3.　スウェーデン国防軍

+ 国防全体の人員：5万人

+ 職業軍人：1万6000人

+ 契約軍人：1万2000人

+ 国土防衛隊（ホームガード）2万2000人

4.　国防大臣は3人の子どもを持つ、海軍学校卒の48歳の女性

写真56　スウェーデン空軍の国産ジェット機

Source:www.ministry of Defence.se

ここがPOINT!〜75

●スウェーデン国防省●

・国防大臣は女性で、その下に次官（State Secretary）がいる。

・大臣はスウェーデンの国防と危機管理を所管し、次官は毎日の実務を担当する。

・国防大臣を補佐するために、大臣が任命した政治家補佐官がいる。大臣と補佐官は同じ政党に属する。

・政治家補佐官は複数で、次官、スタッフチーフ、政治アドバイザー、報道官がいる。

・その下に、約160名の官僚がいて、政治家の指示に従う。49%は女性である。

・官僚のうち10名ほどは、EUとNATO本部に出向している。

・武官はワシントンとニューヨークに駐在する。

・日本のスウェーデン大使館には巡回武官がいる。

・国防軍、危機管理庁を管轄する。

写真57　カーリン・エーンストロム国防大臣
Source:www.ministry of Defence.se

アフガニスタンでスウェーデンの兵隊が殺されました。スウェーデンでは6人目の犠牲者ですが、そのように、スウェーデンの軍隊は、「国連軍」の名の下に海外に派兵しています。

それは、以上のような理念があるからです。本当の意味での世界平和というのは、それぞれの国に民主主義が根ざさなければ、世界平和は来ないという理念があるから、セルビアの南西部の自治州コソボにも駐在しています。アフガニスタンにも撤退はしましたが、当然今でも、まだ平和維持活動で開発援助は維持しています。

ここがPOINT!〜76

●海外へ軍隊を派遣する意義●

1. 1つの国が民主主義を実現し、それを永続させることは世界平和の基礎である。
2. 首相の所信表明演説でも常にスウェーデンは平和維持活動に参画することを明言している。
3. 紛争地域では、軍事参加だけでなく、ヘルスケア、教育、学校の建設、企業活動などの市民の国づくりにも支援を行う。
4. 最終的な目的は、その国が民主主義にもとづいた真の独立国家になることである。
5. 十数年続いたコソボ紛争が終焉し、2010年にスウェーデン軍は撤退したが、約60人の兵士は未だ留まって2013年には全員撤退の予定である（当時）。
6. しかしながら、スウェーデンは監視団を置き、コソボの民主社会構築に関与している。
7. アフガニスタン北部でもスウェーデンは、2001年以来、その平和維持活動を続け、次第に開発援助に移行しつつある。

写真58 国際平和が国内平和の礎

Source:www.msb.se

■政府開発援助は世界トップ、主に読み書きの「識字教育」を援助

やはり世界を見据えた、開発援助が一番端的に表れているのはＯＤＡ（政府開発援助）です。Ｇ

NI（国民総所得）に占めるスウェーデンの政府開発援助は、世界でトップです。GNIの約1・1%（2014年）を開発援助、貧困国、開発途上国、低開発国に対して使っています。約1%を使っているのはスウェーデンとノルウェーです。この間までノルウェーがトップでしたが、ここのところ2年ぐらいはスウェーデンがトップです。ちなみに日本は、残念ながらずっと下の方、

ここがPOINT!～77

●スウェーデンの外交基盤●

・国連とミレニアム開発目標
(The Millennium Development Goals)

・スウェーデンは、19世紀半ばから戦争とは無縁の中立国であり、NATOにも参加せず、国連およびEUを中心とした多面的な外交がスウェーデンの国際舞台における活動の特徴の1つである。つまり、スウェーデンの外交は一国に偏重せず、あらゆる国と友好関係を保つことを基本とする多面的友好外交である。それゆえにサブサハラン（サハラ砂漠より南の）アフリカ諸国をはじめ、貧困国への援助にもきわめて熱心で、国際開発政策を外交の柱の1つに置いている。

・2000年9月に国連ミレニアムサミットが開催され、参加190ヵ国により国際協力開発の目標として2000年から2015年における「ミレニアム開発目標」の再確認を行った。その結果、この開発目標の達成度をモニターする役割を国連に与え、被援助国の自主権を強化して開発協力の質を高めることの取り決めが行われた。

写真59　国連中心のスウェーデン外交
Source:United Nations

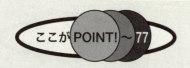

２０１２年調べでは20位です。日本は約０・２％、５分の１しか開発援助をしていません。

スウェーデンのこういう**開発援助のあり方と海外派兵の精神が、一緒に矛盾なく行われてはじめて「海外援助」ということが出来てくるのではないか**と思います。

こうしたスウェーデンの基本的な理念から、日本の集団的自衛権の議論のあり方を見ていると、どうも局所的な問題に限定されていると言わざるを得ません。まず世界平和へ至るプロセス

ここがPOINT!〜78

●スウェーデンのODA●

スウェーデンの政府開発援助（ODA）は世界でトップ〜GNI（国民総所得）の1.1％
世界平均は0.46％、国連目標は0.7％、日本は0.18％

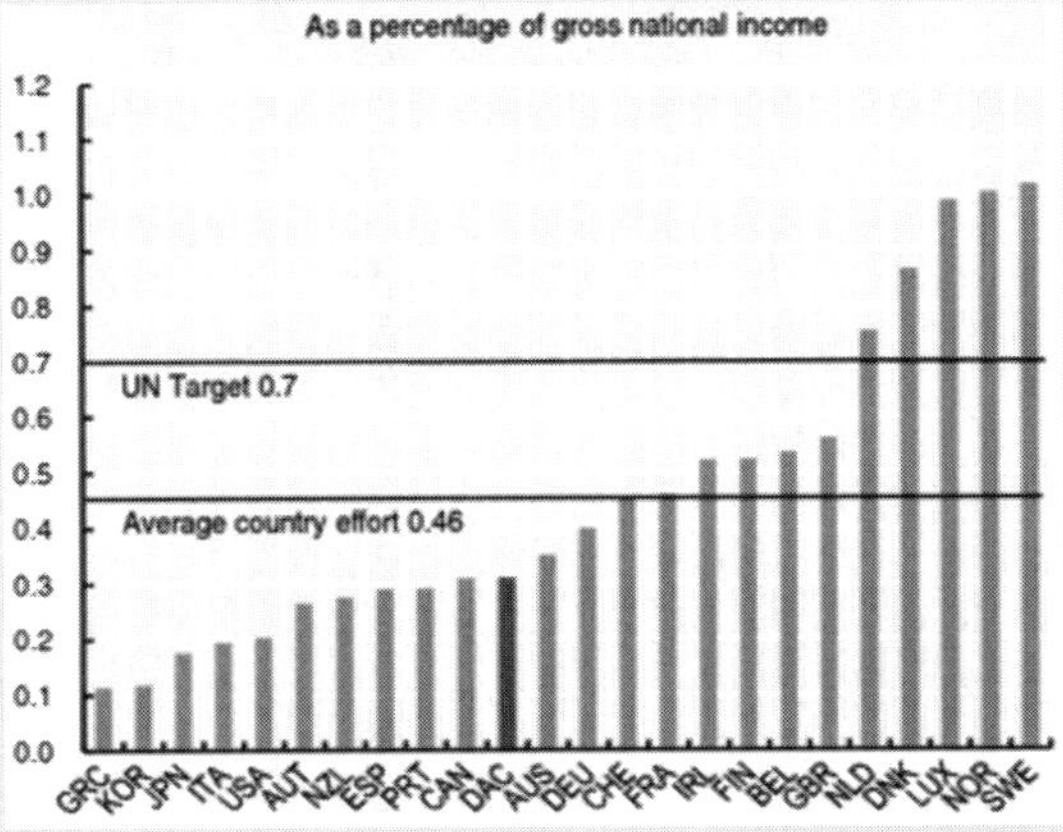

図21　スウェーデンのODA
Source:OECD factbook 2013

を考えると、よく言われるように、「平和の前には必ず戦争がある。平和の前には必ず虐殺がある。虐殺と悲惨なことがなくて、平和は語れない」とされています。それを除くために、スウェーデンは貧困国に対する援助をしています。

それに対してスウェーデンが一番やろうとしているのは、**ＧＮＩの1％、日本の5倍以上のお金を使ってやろうとしているのは、何と読み書きの「識字教育」です**。橋をつくることでもなければ、工場をつくることでも、ダムをつくることでもありません。もちろん、それも一部はやっていますが、一番お金を使っているのは教育です。字が読めない子どもたちに対する援助が非常に多いです。特に女性の教育、婦女子の教育です。

これは、単純に日本とスウェーデンのどっちがいいとは私は言いません。ただＧＮＩの約0・2％という日本の開発援助は、スウェーデンと比べて5分の1ですが、その半分が経済援助によるものです。道路をつくることが悪いとは言いませんし、援助国の経済を豊かにすれば雇用も増えるだろうし、1つの考え方だとは思いますが、彼我とでは考え方が基本的に違うなと思います。それは、さっき言った**海外派兵の考えとも矛盾しないことですが、スウェーデン流の人権と平等がベースになった、援助国にとって一番大事な識字教育に海外援助が使われている**ことです。

スウェーデンの外務省の予算の90％以上は、識字教育のような海外援助に使われています。端的に言えば、スウェーデンの外交は、貧困国に海外援助をいかに進めるかが外交の特徴になっている、と言っても過言ではありません。

こういうところが、ある意味、スウェーデンという国の今までの総括になるかもしれません。識字教育のような海外援助を通じてスウェーデンという国を見れば、民主主義とは何か、平等とは何か、人権とは何か、移民を受け入れることもそうですし、難民を受け入れることもそうです。そういう理念と施策が、すべて一貫しています。

ここにスウェーデンの目指す姿勢があると思います。また、スウェーデンの国民が納税者として、そういうかたちで税金が使われることに対して、よしんば個人的には不満があるとしても、国の総意としては賛成しているということに、私はスウェーデンという国に大いなる敬意を払います。その意味で日本も非常にいい素質を持っていますので、どこかでそれと同じようなことができたらいいな、と願わざるを得ません。

おわりに

以上、10項目のスウェーデンのポイントを述べました。もちろん、お話ししたいことはいろいろあります。ただ、今言ったことに大体、私の考えてきたこと、45年間にわたってスウェーデン社会とコミットしてきたことが、大体言い尽くせたかと思います。各論については、2年間にわたってこのビデオを収録してありますので、そちらを見ていただけたらと思います。

本プロジェクトは、2011年3月に起きた東日本大震災と福島第一原発事故に端を発し、「スウェーデンから学ぶ日本の再構築」という観点から企図されたものです。

少しでも、次に来たる世代、子ども、孫、孫々の世代に対して、負の遺産を残したくないと思います。そのためにも、「ここまではおれたちができる。ここから先はできないから、おまえたちがやってよ」と正直になることが大事だと思います。

どこまで自分が正直になれたか分かりませんが、この収録を終えさせていただきます。ありがとうございました。

「憲法改正」に最低８年かける国
──スウェーデン社会入門

KAIZOSHA

2016年 9月4日 初版発行

著者………………………須永昌博

編集協力…………………萩原宏人・生方純一・熊倉次郎
鈴木賢志・須永洋子・阿部泰子
佐藤吉宗

装幀………………………横本昌子

発行人 ……………………山田一志
発行所 ……………………株式会社 海象社
郵便番号 112-0012
東京都文京区大塚 4-51-3-303
電話 03-5977-8690　FAX03-5977-8691
http://www.kaizosha.co.jp
振替 00170 -1-90145

組版………………………［オルタ社会システム研究所］
印刷・製本………………モリモト印刷株式会社

ISBN978-4-907717-44-5　C0036

※この本は、印刷には大豆油インクを使い、表紙カバーは環境に配慮したテクノフ加工としました。